I0748772

JORGE Y ELVIA

Una historia de amor ❤

y Superación

LUCARBO

Colombia Reg # 1-2026-53649
ISBN # 979-8-9920643-4-6

Libro editado y distribuido por:

Editorial Best Seller
Hackensack, NJ 07601
USA
editorialbestseller.com
info@editorialbestseller.com

DEDICATORIA

A **Jorge y Elvia**, mis padres, cuyo amor, sacrificio y determinación construyeron no solo un hogar, sino un legado de esfuerzo y superación. Desde la nada, levantaron con sus propias manos a "Plásticos del Cauca" en Popayán, Colombia. Ellos fueron impulsados por el más noble de los incentivos: darnos un plato de comida, ropa digna y sobre todo una buena educación a sus nueve hijos. Luego abrieron su corazón y completaron la docena.

Dedico este libro a mis hermanos y hermanas, a mis sobrinos, a mis hijos y nietos y a los nietos de mis hermanas, para que nunca olviden de dónde venimos. Somos el fruto de una semilla poderosa, que creció hasta convertirse en un árbol familiar fuerte y seguro. Que esta historia les recuerde que dentro de nosotros llevamos la misma fuerza, la misma raíz indomable que hizo florecer los sueños de nuestros padres.

Con amor y gratitud.

Lucarbo

JORGE Y ELVIA

Una Historia de Amor y Superación

LUCARBO

Prólogo

En este hermoso relato de la vida de una pareja de enamorados que vencieron las adversidades colocando por encima el amor como motivación para su vida, LUCARBO deja su tono de ficción que ha caracterizado sus obras, para adentrarse en recuerdos fehacientes de su infancia y adolescencia, recreando historias, algunas vividas y sentidas, y otras que no vivió directamente, pero que creció escuchándolas en las narraciones de sus padres, que continuamente les recordaban sus vivencias y se empeñaron en hacer de sus doce hermosos bebés, personas cristianas, honradas y útiles a la sociedad.

Echar un vistazo atrás, y comprender la tenacidad y fortaleza de dos seres que se amaron hasta más allá de la vida, nos lleva a pensar en la frase que ese mes de julio de 1950, Jorge le dijera a Elvia:

"***Con usted voy hasta el cielo***". Y así lo hizo. Una vez cumplidos 100 años de haber venido a este mundo, se le adelantó a su amor con la certeza que estaría junto al creador esperándola hasta que fuera su momento de encontrarse con él, allá donde le prometió el primer día que iría con ella. Así, 8 años más tarde, la promesa hecha entre esperanzas y encantamientos se cumplió. Ahora están juntos, en el lugar donde no hay tristezas ni angustias, donde reciben la compensación por haber permitido que el amor, la bondad y la tenacidad dirigiera su paso por la tierra.

Así como sus obras de la serie "Vida", "El Culebrero" y "El Sobador", que siendo obras de ficción nos conducen al encuentro de un alma generosa en la simplicidad del hombre común y nos hacen reflexionar sobre la real posibilidad de un mundo con gente compasiva y bondadosa, en esta obra, ya no de ficción, LUCARBO nos muestra la realidad cruda de la vida de una pareja, que, aunque de diferente cuna, encontró su punto medio en las enseñanzas de Jesucristo, el compromiso con su familia, su vocación de servicio y su desmedido amor por el prójimo; dones que les ayudaron a crecer como persona y ser pilares en la sociedad, dejando huella imborrable, no solo en su familia sino en cada persona que se cruzó en su camino, que recibió de sus manos un gesto generoso y de sus labios una palabra de aliento.

Con esta obra, LUCARBO nos regala un pedacito de su infancia, pero, ante todo, una reflexión de que la vida con bondad y tenacidad, es una vida que merece ser vivida.

Martha Arroyave Botero

Índice

Los Primeros Zapatos

Los Primeros Zapatos

Jorge Arroyave, nació en 1917 en Anserma, un pueblo de Caldas, en Colombia, hijo de una familia de campesinos, tuvo que hacer grandes esfuerzos para estudiar, pero estos no debilitaron su entusiasmo y deseo de salir adelante.

Jorge era un niño del campo, a los 7 años ayudaba a sus padres con las labores de la finca; con sus pequeñas manitas araba la tierra, sembraba, podaba las plantas y arrancaba las malezas. Además, recogía el ganado, era todo un experto en el arte del ordeño. Jorge no usaba calzado, pues este era muy costoso y sus padres no contaban con dinero suficiente para comprárselo.

Un día su madre llegó del pueblo con la buena noticia, de que lo había matriculado en la escuela primaria. Jorge saltaba de alegría mientras decía:

— Al fin voy a aprender a leer y escribir, a sumar, restar, multiplicar y dividir, "cosas de grandes."

Pero esta noticia no venía sola, estaba acompañada de un par de zapatos totalmente nuevos. Jorge tomó los zapatos en sus manos, algo fuertes para ser las manos de un niño, y observó el brillo del material de color negro, del que estaban hechos.

— ¡Hum! Dijo. Estos zapatos son muy lindos, son algo así como una obra maestra.

Antes de que saliera corriendo a guardarlos, su madre le entregó tres pares de medias blancas, el dinero no alcanzó para más, ella hubiera querido comprarle cinco pares. Así que cada noche Jorge tendría que lavar el par de medias que había usado durante el día y colgarlas en el cable donde se secaba la ropa al sol, para poder tenerlas listas para el cuarto día.

Jorge contaba los días en el calendario de su padre, deseaba que llegara el momento en el que iría a la escuela, para estrenar sus zapatos; estaba emocionado, su alegría se mostraba en su carita sonriente.

Al fin llegó el día tan esperado; su papá trajo dos caballos, uno para la madre y el estudiante y otro para él. Los dos acompañarían a su hijo hasta la puerta de la escuela, pero solo el primer día. Jorge apareció vestido con la mejor ropa que tenía; pantalón corto azul y su camisa blanca de manga larga, la misma ropa que utilizaba para ir a misa los domingos.

Las medias las llevaba cuidadosamente dobladas en el bolsillo del pantalón. Los zapatos los tenía colgados en el cuello, amarrados uno con otro por los cordones. Sus padres le pidieron ponérselos, pero él no quería ensuciar el brillo de los zapatos nuevos y les dijo que se los pondría, al llegar a la escuela.

Cuando vieron a lo lejos la escuela, Jorge se puso con cuidado las medias y los zapatos, para no dañarlos y así entró a su primer día de clases, como todo un hombre ¡con zapatos! Mientras estaba en las clases, notó que la mayoría de los niños estaban descalzos, entonces, Jorge se quitó los zapatos y volvió a colgarlos en su cuello.

Así siguió diariamente, caminando las 5 millas que separaban su casa de la escuela; con las medias en el bolsillo y el par de zapatos colgados en el cuello, aun totalmente nuevos. Cuando alguien le preguntaba por qué no los usaba, él contestaba que le molestaban o que le hacían doler los pies. Aunque esto era verdad, pues no estaba acostumbrado a usarlos, lo hacía más por preservar las medias y los zapatos, que eran lo único nuevo que había tenido en su vida.

En la escuela, la profesora asignó turnos a los niños para hacer el aseo del salón de clases. A Jorge le tocaba barrer los viernes y cuando lo hacía, podía ver que el piso, hecho de desgastados tablones de madera, tenía grietas, las tablas estaban separadas, se podía observar en estos huecos, las niguas en espera de subirse a cualquier pie que pasara.

Las niguas eran pequeños animales que se metían bajo la piel de los pies, allí depositaban sus huevos. Cuando salían las larvas, estas se alimentaban del pie en el que vivían. Los niños de la escuela de Jorge mantenían los pies inflamados, algunos no podían asentarlos en el suelo cuando caminaban, debido al dolor que estos animales les causaban. Los pequeños estaban continuamente rascándose, se podía apreciar entre sus dedos las heridas causadas por las uñas.

La mamá de Jorge había tomado la rutina diaria de sacar estos animalitos de los pies del niño. Ella tenía que abrir un hueco en la piel, con una aguja de coser la ropa, hacer palanca para sacar los chinches, después los prensaba entre sus uñas hasta escuchar que se reventaban y un pequeño chorro de sangre saltaba entre sus dedos. Esta era la única manera que ella conocía, para estar segura de que no entrarían en ninguna persona.

Ella siempre le decía: si usas los zapatos, estos animales no podrán llegar a tus pies. Pero ni el dolor de las niguas o las pinchadas de la aguja de coser que usaba su mamá, lograron que Jorge usara el calzado. Finalmente, los zapatos se quedaron pequeños, porque los pies de Jorge crecieron y no había

manera de que pudieran entrar en ellos,
que estaban aún sin estrenar.

JORGE Y ELVIA

Mi negocio propio

LUCARBO – PAG. 11

Mi negocio propio

Ya la familia vivía en el pueblo, pero Jorge era un niño inquieto, aunque de poca edad, diez años, tenía su propio negocio que dirigía en sus vacaciones escolares. Este le proveía de dinero para poder comprar algunas cosas para él y mantener algunos ahorros para su futuro.

En las vacaciones de verano Jorge se trasladaba a la finca de sus padres, donde un trabajador esperaba por el momento de su llegada; pues, este niño era su amigo y un patrón que le pagaba bien por su trabajo. Para este hombre, era un honor trabajar para una persona tan amable y feliz. El hombre llamaba al niño "El Patroncito". Cada año en el mes de junio, empezaba a preguntar semanalmente: ¿Cuándo llegará El Patroncito?

Jorge tenía su propio corte de caña de azúcar que cuidaban y cosechaban entre el trabajador y el. Cortaban la caña y procesaban su jugo, también llamado guarapo, en un proceso rudimentario para producir panela que era vendida por ellos mismos los sábados, día de mercado en el pueblo.

La panela es usada por los colombianos para endulzar sus bebidas, pues es una forma de obtener la dulzura del azúcar sin procesos químicos, es un alimento natural que también se puede consumir solo o diluido en agua.

El proceso de la caña empezaba con la salida del sol; Jorge y su empleado estaban listos, completamente vestidos, desde las 5 de la mañana. Tomaban su desayuno y se dirigían a su cañaveral, con dos burros que les servían para traer la carga. Cortaban la caña, cargaban los burros y regresaban por un angosto camino, teniendo mucho cuidado de que los animalitos no se fueran a resbalar.

El patrón y su empleado hacían dos o tres viajes en la mañana, antes del almuerzo. Después de haber comido, empezaban a extraer el jugo de la caña, en una prensa llamada trapiche, que era movida por la fuerza de una mula, que le prestaba su papá, don Enrique Arroyave.

Después de haber prensado el último pedazo de caña, pasaban el jugo, a una gran olla baja que se amplía en su boca, llamada batea, donde empezaba su evaporación, al mismo tiempo que separaban las impurezas.

Jorge disponía de una estufa de leña de varias bocas, que iban disminuyendo de tamaño, lo mismo que las bateas que había sobre ellas. A estas ollas iban pasando los jugos a medida que se evaporaban.

Este proceso es lento. La primera batea más grande. Jorge ponía a hervir el guarapo fresco y le iba agregando el jugo de la corteza del árbol llamado palo bobo. El palo bobo hace que las partículas gruesas floten. Usando un cucharón grande con huecos, el niño iba sacando las impurezas lentamente, hasta que el jugo quedaba limpio.

Cuando el jugo había disminuido lo suficiente, lo trasladaba a una batea de menor dimensión a la anterior, donde el trabajador seguía el proceso. En la batea grande Jorge vertía otra vez jugo fresco, mientras el proceso seguía cambiando de batea cada vez que se había evaporado aproximadamente la mitad del jugo.

Cuando veían el melado de la panela, tenían dos métodos para probar el punto: Se pone una gota de melado, en un vaso de agua fría, si la gota se endurece, ya está lista para los moldes, si se derrite o se ve flexible, todavía falta un poco.

Algunos piensan que el punto se da, cuando al mover el melado con un cucharón se puede ver, por unos segundos, el fondo de la batea. Jorge usaba los dos métodos pues esperaba que se viera el fondo, para poner la gota de melado en el vaso.

Luego, colocaban todo el producto en los moldes de madera que se encontraban en una mesa larga y angosta, elaborada en la misma finca. Dejaban reposar hasta que se hubiera enfriado y se vieran los bloques de panela bien formados. Este proceso duraba varias horas. El patroncito y su trabajador esa noche iban tarde a la cama.

Al día siguiente se levantaban unas horas más tarde de lo común, pues el trabajo era en casa; desmoldando y envolviendo la panela en hojas de plátano secas. Este mismo proceso lo hacían dos veces por semana, hasta terminar de cosechar el corte de caña. Después limpiaban el terreno y sembraban la caña que se cosecharía el próximo año.

JORGE Y ELVIA

La Máquina de Películas

La Máquina de Películas

Una mañana, Jorge estaba vendiendo panela, cuando vio a unos turistas de otro país. Se trataba de una pareja con un niño. Ellos estaban interesados en saber cómo se hacen estos bloques dulces. Jorge los invitó a su finca y les mostró todo el proceso.

Los extranjeros estaban muy agradecidos e invitaron a Jorge y a su madre, a pasar unas horas en el hotel donde se hospedaban, para almorzar juntos y hablar un poco más del proceso de la panela. La madre y el hijo fueron al día siguiente a las once de la mañana.

Mientras conversaban los adultos, Jorge no podía apartar la mirada del juguete del niño turista. Se trataba de una máquina de películas, un proyector manual. Al muchachito le interesó tanto este juguete, que ofreció comprarlo, junto a dos rollos de película que poseía el niño.

Los padres aceptaron la propuesta, Jorge tuvo que vender tres cargas de panela, para poder conseguir el dinero necesario, para este negocio. Una vez dueño de esta maravilla de máquina, se dispuso a acomodar la casa de sus padres, para convertirla en una sala de cine.

Su madre que lo apoyaba en todo, no lo dejó utilizar la sala, pero le mostró un patio interior de la casa, que tenía paredes blancas. El único problema es que no tenía techo, si llovía habría que suspender la presentación.

Jorge decidió que el sábado, era un buen día para la función, pues era día de mercado y había más gente en el pueblo. Sus hermanas pequeñas se encargarían de cobrar las entradas, mientras él estaría a cargo de proyectar la película.

Entre Jorge y sus hermanas hicieron la publicidad; en hojas de cuadernos viejos escribieron con lápiz "Gran inauguración del teatro

Arroyave." Este sábado a las 7:00 de la noche. Estos volantes los repartieron, a todo ser humano que encontraron en las calles.

Sus hermanas los entregaban tímidamente, pero Jorge los acompañaba anunciándolo a viva voz. El construyó un amplificador de cartón que lo acercaba a la boca al gritar, su voz se escuchaba fuerte y clara. De tal manera, que el que no supiera leer, también estaba enterado.

El sábado, Jorgito recorrió la plaza de mercado con su bocina de papel, anunciando la función de la noche e invitando a todos a asistir. Por ser el primer día, el costo de entrada era solo un centavo.

Esa noche, había lleno total, todos los vecinos y las personas que trabajaban en la plaza de mercado estaban presentes, todos querían ver que era cine, que era teatro y que era película.

Todas estas, eran palabras nuevas para ellos. Jorge escogió una película, que mostraba un automóvil desplazándose por las calles de una gran ciudad, las luces del auto se veían venir a lo lejos y se iban aproximando lentamente, hasta que el auto llegaba cerca, muy cerca… Los asistentes salieron corriendo, gritando, pues creyeron que el automóvil se les venía encima y los iba a aplastar.

Para el sábado siguiente, había una fila de personas esperando que abrieran el cine. Las hermanas de Jorge estaban listas para recibir el dinero, Jorge se les acercó y les dijo:

— Ojo, todos tienen que pagar, nadie entra gratis.

Pronto ellas advirtieron, que Jorge contaba cuántas personas había de pie, pues él sabía cuántos asientos tenía. Así calculaba exactamente, cuánto dinero tenía que haber recaudado. Ellas no tenían la oportunidad de sacar unos centavos para comprar dulces, sin autorización de Jorgito. El niño recibía el dinero y les pagaba cinco centavos por función. Esto era un dineral para las niñas, que trabajaban con alegría y entusiasmo.

La máquina de películas consistía en dos ruedas, movidas manualmente mediante una palanca. En una rueda ponía la película y en la otra se iba enrollando, la parte que ya se había visto. Jorge aprendió a jugar con los movimientos de las ruedas, para darles velocidad a los protagonistas o para hacerlos mover en cámara lenta.

Una de las películas era del oeste norteamericano, en ella un ladrón asaltaba un coche arrastrado por caballos. El ladrón estaba encima de una gran roca, esperando el paso del vehículo para saltar encima de él.

En el momento en que el asaltante estaba cayendo sobre el techo del coche, Jorge invertía el movimiento de la película, haciendo que el hombre volviera a la roca, de donde había saltado. Desde afuera de la sala de cine, se podía escuchar las exclamaciones de sorpresa de los asistentes, al ver este hombre prácticamente volando hacia la roca.

Jorge, repetía este movimiento tres o cuatro veces, para sorpresa de la gente. Más adelante cuando, el asaltante era perseguido por un policía, en el momento en que presentaban el policía corriendo, Jorge aceleraba el movimiento y lo mostraba corriendo a gran velocidad. Esto hacía soltar exclamaciones en el público.

Pero cuando mostraban al asaltante corriendo, Jorge movía las ruedas lentamente haciendo que se viera que corría en cámara lenta, esto hacía que el público riera de maldad. Por un lado, el policía corría como superhéroe, mientras que, por otro, el ladrón parecía estar pegado al piso y se movía lentamente.

Jorge fue creciendo entre los días escolares, los fines de semana con noches de películas y las vacaciones de panela. Siempre gastando solo lo necesario, ahorrando para su futuro; pues se imaginaba viviendo en una ciudad, dueño de un gran teatro, dando funciones todos los días, mostrando películas variadas, para todos los gustos y mucha gente haciendo fila para entrar.

El Pozo de Agua

El Pozo de Agua.

En el pueblo aún no llegaba el agua potable, pero había un pozo de agua en el centro del parque. Las mujeres iban todos los días a llenar sus ollas, para satisfacer las necesidades tanto de aseo, como para la preparación de los alimentos para sus familias.

Los habitantes del pueblo tenían que formarse en una fila si querían acceder al pozo y obtener su precioso líquido. Nadie podía venir con prisas, pues los que ya estaban formados se ponían furiosos y terminaba en una riña.

Muchos niños madrugaban para llevar agua a sus casas antes de ir a la escuela, entre ellos estaba Jorge. Pero pasaba lo mismo que con los mayores: diariamente se presentaban riñas, pues siempre había alguno que se quería pasar de listo, aprovechando cualquier descuido para meterse en la parte de adelante de la fila.

Jorge estaba cansado de esta rutina; no le gustaba estar metido en las peleas, pero tampoco quería que otro se viniera a aprovechar y quitarle su turno. Las ollas llenas de agua eran pesadas. Se podía ver cómo los niños iban encorvados llevando esas ollas colgadas en su hombro o sostenidas con sus dos manitas enrojecidas.

Algunas mujeres fuertes llevaban la olla sobre su cabeza donde tenían una especie de turbante, hecho con una toalla enrollada, para evitar que les causara dolor. Algunas veces los niños y hasta los adultos, resbalaban en el barro del suelo, alrededor del pozo y derramaban el precioso líquido, ante los gritos de todos los que esperaban en la fila. Lo peor era tropezar y caerse después de haber abandonado el área del pozo, porque la persona, tenía que colocarse al final de la fila, a esperar de nuevo su turno.

Una noche, mientras Jorge jugada con su linterna de baterías, apuntó hacia el camino, observó el rayo de luz y lo que iluminaba. Entonces tuvo una gran idea.

Consiguió un pedazo de madera grueso y fuerte, le ató, lo más fuertemente, que pudo, un pedazo de madera más pequeño en forma perpendicular, como formando una cruz. Moldeó una rueda de madera. Le hizo una ranura a un extremo, del pedazo de madera grande y empató la rueda allí, la sujetó con un clavo grande, pero dándole la posibilidad de movimiento.

Para que la ráfaga de luz de su linterna aumentara, le colocó una gran lupa, encima del vidrio que protegía el bombillo. Amarró la linterna a la madera, de tal manera que alumbrara el camino. Jorge tomó unas ollas grandes de la cocina y las colgó en la cruz, se recostó la punta de la madera gruesa, en su hombro, donde había colocado un pedazo de toalla vieja para disminuir la presión y emprendió el camino hacia el pozo empujando su nuevo vehículo.

Cuando llegó allí, encontró que el lugar estaba vacío, pudo sacar toda el agua que deseaba, sin que nadie lo notara. El trozo de madera y su llanta fueron bautizados con el nombre de "Agua Nocturna", que con el tiempo fue cambiando de color, pues Jorge le ponía cualquier pintura que encontraba.

La llanta tenía incrustados pedacitos de los espejos, que descartaban sus vecinos. El muchacho decía que los espejos amplificaban la luz de la linterna. Así, el inventor, siguió yendo todas las noches por agua hasta que cumplió 18 años y se fue del pueblo.

Una noche, después de dejar el agua en su casa, Jorge quiso irse a caminar a orillas del río, pues buscaba un pedazo de tronco que tuviera una cubierta de hongos fosforescentes para adornar su Agua Nocturna. Le dio pereza desatar la linterna y decidió ir con su supervehículo y le colgó una canastilla de juncos para traer en ella lo que encontrara.

Al llegar al río, se percató que la luz de la linterna iluminaba el agua y los peces venían hacia ella como si fuera una carnada.

Jorge tenía en su mano un machete y empezó a golpear con él a los peces grandes, que llegaban a la orilla atraídos por la luz. Esa noche, regresó a la casa, con el cesto cargado de peces y de esta forma aprendió una nueva modalidad de pesca, que realizaba cada vez que su familia quería comer pescado fresco.

Buscando su Futuro

Buscando su Futuro

Al cumplir los 18 años, Jorge pensó que era el momento de salir del pueblo. Así que, se fue a buscar fortuna a Tuluá, un municipio del Valle del Cauca, en Colombia. Este era un pueblo, con mucho más movimiento que su querido Anserma Caldas, lugar que lo vio nacer. Llevaba en sus bolsillos, los ahorros de todos los años, de tardes de cine y vacaciones de panela. Se fue con unos arrieros, que, caminando por la trocha, llevaban el ganado para venderlo en la plaza de aquella ciudad.

En el camino, pensaba en el último beso de su madre y el dolor que le causó la despedida. La recordaba, bajo el pórtico de la puerta, llorando mientras lo abrazaba y le besaba las mejillas, como pidiéndole que no se fuera. Pero él tenía que ser fuerte; este duro momento era necesario si quería un mejor futuro para él y su familia. De su papá se había despedido con un fuerte abrazo, el padre lo separó rápidamente y se fue hacia la finca, para que el hijo no viera una sombra de tristeza en su mirada, ni que llegara a verle los ojos empañados de lágrimas. Él era un hombre fuerte y no quería que nadie viera otra imagen en él.

La travesía fue larga, duró varios días, pero para este joven fue emocionante.

Llegó a Tuluá con los pantalones cortos, las medias hasta la rodilla y sus pocas pertenencias en una caja de madera atada con una soga de cabuya. El niño se había convertido en un hombre dispuesto a triunfar en la vida. Para ello, contaba con los pocos años de educación primaria del pueblo, los años de rudo trabajo en la finca de su padre y todas las travesuras de niño, que lo habían convertido, sin saberlo, en un inventor de tiempo completo.

En la plaza, se despidió de aquellos arrieros que habían sido su compañía durante todo el viaje; se quedó allí sin saber qué hacer, miró hacia el norte, luego al sur, al este y el oeste. En ese momento, pasó otro joven de su edad y

Jorge le preguntó si sabía de una casa, donde le pudieran alquilar un cuarto para vivir allí. El muchacho le indicó que, a pocas cuadras, vivía doña Azucena, que ella tenía un cuarto para rentar. El recién llegado, se encaminó hacia el lugar indicado, tocó la puerta, salió una señora de cuerpo voluminoso con un delantal blanco. Jorge solo vio la gigantesca cara de la señora y el delantal.

— ¿Qué se le ofrece? Dijo la señora.

— Buenos días, me dijeron que usted tiene una habitación para rentar.

— Sí, ¿quién la quiere?

— Yo, Jorge Arroyave.

La señora lo miró de pies a cabeza y dijo

— No le voy a rentar una habitación a un niño en pañales. Quiero rentar a un hombre.

— Soy un hombre, señora. He venido a trabajar aquí; yo le pagaré a tiempo. ¿Cuánto vale el arriendo de la habitación? ¿Tiene derecho a cocinar?

— Hay, no me diga que el señorito sabe cocinar. Dijo la señora en son de mofa.

— Claro que sí, señora, yo sé prender el fogón de leña o carbón y se hacer muy buenas sopas.

— Bueno, entre, vamos a hablar de los requisitos para vivir en mi casa.

Jorge entró en una casa sin muchos muebles, solo dos sillas de madera junto a una antigua mesa de comedor. La casa olía al humo de madera quemada, quizá la chimenea del fogón de leña no funcionaba bien. Había un patio, con grandes helechos que le pareció acogedor. La señora le indicó una silla, con un gesto de su mano para que se sentara. Ella se sentó en la otra y empezó:

— Esta casa se cierra a las 7 de la noche, esté usted aquí, o no. No puede traer amigos, ni mujeres, sólo usted puede entrar en su habitación, no habrá visitas de ninguna clase.

¿Está entendiendo?

— Claro que sí, dijo Jorge. No tengo amigos aquí y no creo que nadie venga a visitarme, o sea que no habrá ningún problema.

— En cuanto a la cocina, dijo la dama, usted debe dejar todo bien limpio. Si va a cocinar, debe traer su propio mercado; compre su plato, taza y cuchara, porque yo no tengo para compartirle.

El pago del arrendamiento debe hacerlo por adelantado el primer día de cada mes, sin falta.

— Está bien. Dijo él. ¿Cuánto vale el arrendamiento?

La mujer contestó con un valor y Jorge que era muy buen negociante, logró que lo redujera a la mitad. Al entrar a la habitación, se encontró que solo había una pequeña cama de madera, con un colchón viejo; no tenía sábanas, ni almohada ni una manta para cobijarse. El muchacho descargó su caja de madera en un rincón y buscó algo que le pudiera servir para acomodar la cama. En el fondo de la caja, sin que él lo notara, su mamá le había colocado un par de sábanas.

— Ay mamá, bendita seas, dijo él, mientras tendía la cama con una sábana y dejaba la otra a manera de cobija. Lo bueno es que el clima de Tuluá es cálido y no se necesita de una manta para cobijarse al dormir.

— Buscó un cambio de ropa y salió al corredor buscando a la mujer.

— Que se le ofrece Joven, le dijo ella.

— Perdone, si no es mucha molestia, ¿me podría usted prestar una plancha? Necesito planchar esta ropa que se arrugó en el viaje.

— ¿Usted sabe planchar? Dijo ella.

— Sí señora, mi mamá nos enseñó todas las labores de la casa, mi hermano y yo ayudamos en todo.

— ¿No había mujeres en esa casa?

— Si claro, tengo varias hermanas, pero en mi casa hay igualdad, todos tienen que hacer el oficio.

— Qué bueno, dijo la señora, ojalá, en un futuro, los hombres hagan las labores en el hogar como lo hacen las mujeres. Eso sería progreso.

— Estoy de acuerdo con usted, señora, dijo Jorge.

— Dígame doña Azucena, dijo ella. Mientras le pasaba la plancha, llena de carbón al rojo vivo.

— Gracias, no se hubiera molestado, dijo Jorge, yo podría haberle puesto el carbón.

El Café.

El Café.

Jorge planchó sus ropas, tomó un baño y salió a la calle a conocer el pueblo. Tendría que encontrar la forma de ganarse la vida rápidamente, porque no quería agotar sus ahorros.

De pronto, vio un negocio con dos letreros, en uno estaba escrito: "Se necesita ayudante", en el otro decía: "Se vende este negocio". Los dos letreros llamaron su atención por lo que entró al lugar. Se trataba de un café bar. Se dirigió al hombre que estaba frente al mostrador.

— Vengo por lo del letrero, dijo Jorge.

— ¿Cuál de los dos?, dijo el hombre con voz imponente y mostrando un poco de malestar en la voz.

— ¡Por los dos! dijo Jorge.

—¿Qué, un muchachito viene a comprar mi negocio? Dijo el otro.

— Bueno, dijo el joven, por el momento quisiera trabajar con usted y aprender, después le compro el negocio.

— Me parece un buen trato, dijo el hombre. ¿Cuál es su nombre?

— Jorge Arroyave. Mucho gusto en conocerlo dijo el muchacho, mientras le apretaba la mano como un hombre.

— Enrique, dijo él, con una sonrisa.

— Enrique se llama mi papá, dijo Jorge, y es mi segundo nombre.

— Pues muy bien. ¡A trabajar tocayo! Dijo Enrique. Le entregó un trapo para que limpiara las mesas. El lugar estaba equipado con sofás y sillones de cuero, mesas de madera y lámparas de mesa de estilo clásico.

El trabajo de Jorge consistió en limpiar todo el piso del establecimiento, sacudir las mesas, los sofás y los sillones cada vez que se desocupaban. Recibir el pedido, hacer los cafés, servirlos. En pocas palabras, su trabajo era todo menos recibir dinero, pues para eso estaba Enrique.

Después de un año de trabajar como ayudante del establecimiento, con un sueldo que apenas alcanzaba para pagar el arrendamiento de la habitación y la comida, Jorge compró el negocio con los ahorros de toda su vida y una deuda para pagar en un año.

Lo primero que hizo fue conseguir un tocadiscos para colocar música en el lugar; compró discos de acetato de tangos, vals y canciones de la época. El sonido de la música atrajo más gente a su negocio, que empezó a florecer. Jorge como siempre, con sus inventos; logró él mismo, montar una pequeña emisora para que la gente pudiera escuchar, en la frecuencia de AM, la música que se escuchaba en el café.

También hizo varias mezclas con licores y café hasta que descubrió que el sabor del café se hacía mucho mejor, si después de tostarlo, le agregaba brandy o ron. Ahora Jorge tostaba y molía el café que se utilizaba para servir en su local. Cuando Jorge empezaba a moler el café, el aroma se esparcía por toda la calle y las personas empezaban a llegar, en busca de una taza de esta deliciosa bebida. Algunas personas le compraban el café molido, por libras y Jorge lo vendía con muy buena ganancia.

Lentamente, Jorge modificó el lugar como un autoservicio: Ofrecía una variedad de bebidas y alimentos ligeros para sus clientes, incluyendo café recién hecho, té, refrescos, jugos, pasteles, galletas y emparedados, que normalmente incluían queso, jamón, salchichón, lechuga y tomate. Los clientes se servían a su gusto y podían sentarse a las mesas en cualquier silla disponible en el local. El Café Arroyave, se convirtió en un lugar donde la gente se reunía para conversar, algunas veces se hacían presentaciones de obras de teatro y cantantes. Todo lo cual era transmitido por la emisora de Jorge, así que todos en la ciudad de Tuluá, sabían lo que estaba pasando en el café, en cualquier momento.

También se hacían reuniones de negocios y de política, así fue como Jorge empezó a escuchar sobre los partidos políticos, inclinándose por el partido liberal, pues se trataba del partido del pueblo, el que supuestamente, iba a sacar a Colombia de la pobreza.

JORGE Y ELVIA

La Fotografía

LUCARBO – PAG. 65

La Fotografía

El café operaba después de las 4 de la tarde por lo que Jorge buscaba crear otro negocio que funcionara en la mañana. Él sabía que debería buscar algo nuevo, algo único que causara impacto en la ciudad. Viajó a Bogotá y se compró una cámara de fotografía, aprendió todo lo relacionado con la revelada de los rollos y la impresión de las fotos. Como el papel de fotografía era muy costoso, Jorge se las ingenió para hacer su propio papel fotográfico. En esta búsqueda también probó con algunas telas y empezó a copiar fotos en la punta de los pañuelos. En el centro del parque de Tuluá, Jorge colocó su caja fotográfica y empezó su negocio una mañana de domingo. Los campesinos iban a la ciudad a vender sus productos, se paseaban por el parque donde Jorge les ofrecía la fotografía, sobre todo a las parejas de novios, a quienes les tomaba la foto y encerraba sus rostros, dentro de un corazón impreso en un pañuelo de tela.

La noticia de la fotografía en el pañuelo se corrió por toda la ciudad, muchas personas iban a tomarse la foto para darle el pañuelo de regalo a su amor. Las fotografías más comunes eran las de las parejas y las del novio dentro de un corazón. Jorge fue llamado por algunas familias, para que tomara fotografías familiares y las ampliara lo suficiente, como para que pudieran colgarse en la casa, en cuadros de madera. Él podía hacer cuadros de medio metro por cada lado, porque creó su propio amplificador fotográfico. Así, su fama de fotógrafo se incrementó aún más.

Como el negocio de la fotografía parecía muy bueno, pronto el parque se vio lleno de varios fotógrafos, que prácticamente rogaban a los transeúntes, que se dejaran tomar una foto. Jorge vendió su equipo de fotografía y busco dedicarse a otra cosa.

El vehículo de Pasajeros (Taxi)

El vehículo de Pasajeros (Taxi)

Jorge era un empresario de éxito, su café estaba siempre lleno de clientes y la fama de su emisora iba en aumento. Entonces, él decidió que ya era hora que sus padres vinieran a vivir con él. Sus hermanas mayores se habían casado y en la casa del pueblo sólo quedaban los dos viejos con una hija soltera. Jorge buscó una casa amplia, para que su familia estuviera cómoda. Al poco tiempo de llegar, Jorge le cedió el café a su padre, se compró un auto y lo dispuso para transportar pasajeros, o sea, de taxi.

Los carros en Tuluá eran escasos, la gente hacía fila para montarse en el vehículo de Jorge, pues querían saber cómo se siente estar dentro de un auto. Él les daba una vuelta por las pocas calles de la ciudad y recibía su buena paga.

Un día, llegaron unos señores a pedirle que llevara a su alcalde de regreso a su pueblo, pues había estado en el hospital por unos días y el doctor le había prohibido montar a caballo, por al menos seis meses. Tendrían que regresar en carro y este era el único vehículo disponible. Jorge aceptó por una suma de dinero, que los hombres aceptaron pagar, sin chistar.

El alcalde de aquel pueblo iba acostado en la silla de atrás del automóvil, en la silla al lado del conductor iba uno de los hombres que había contratado los servicios de transporte. Una caravana de hombres montados a caballo iba cerrando la marcha. Llegaron a un lugar donde se terminaba la carretera, el pueblo se veía a lo lejos, enclavado en un valle en medio de las montañas. Jorge detuvo el vehículo y se dirigió a los hombres de la comitiva.

— Señores, ¡hasta aquí llego!

— ¿Cómo así? Tenemos que llevar al alcalde en carro hasta el pueblo, acuérdense que él no puede montar a caballo. Dijo uno.

— Pero para llevarlo hasta allá, dijo Jorge, necesitamos carretera y no la hay.

— Hemos traído al alcalde hasta aquí en carro y lo llevaremos hasta el pueblo en carro. Pues nos llevamos el carro en nuestros hombros. Dijo uno de ellos.

— Sí, lo trajimos en carro hasta aquí, pues lo llevaremos en carro hasta la plaza del pueblo. Dijeron todos.

— Los hombres cargaron el pesado vehículo en sus hombres y fueron turnándose durante el trayecto hasta llegar a la plaza del pueblo. Allí, todos esperaban a su alcalde con pólvora y música.

El enfermo se bajó del auto haciéndose el fuerte para saludar. Jorge se quedó sentado en el asiento del conductor, desde donde podía ver cómo la gente se apiñaba alrededor del vehículo. Todos querían tocarlo y sentir la suavidad de la pintura. Entonces Jorge tuvo una idea perversa.

¡Hizo sonar la bocina!

Los que estaban alrededor del auto, salieron corriendo espantados, mientras Jorge se reía. Pero sus risas se aplacaron, cuando se dio cuenta de la situación en la que se encontraba. Se hallaba en un pueblo, en medio de las montañas, que solo tenía una calle que rodeaba el único parque que había. No había carretera para salir y no creía que los que trajeron el carro en sus hombros, también lo sacarían de allí de la misma manera. Jorge era un hombre soltero, así que se quedó en el pueblo, puso su auto como una atracción, donde cada persona pagaba por una vuelta al parque; en algunas ocasiones pagaban por dos o tres vueltas consecutivas.

De todos modos, Jorge estaba para grandes cosas y este pueblo era pequeño. Un día se le ocurrió la idea de desbaratar el carro y ponerlo en cajas. Lo hizo él mismo, cada pieza y cada tornillo fueron etiquetados con un número, para poder volver a armarlo. El auto que una vez entró al pueblo en hombros ahora salía a lomo de mula. Le tomó mucho tiempo volverlo a armar, pero en este trabajo, Jorge aprendió mucho de mecánica, que le serviría más adelante en su vida. En Tuluá, siguió trabajando en las mañanas con su vehículo y en las tardes en el café, junto a su padre.

La Estación de Gasolina

La Estación de Gasolina

Jorge siempre estaba pensando en crear nuevos negocios, buscaba las necesidades de la ciudad, que no habían sido cubiertas por algún negociante. Él se dio cuenta que ya había suficientes carros, pero no había una estación de gasolina, ni un lugar donde se vendiera aceite y otras cosas que necesitaban los vehículos. La gente tenía que viajar a la ciudad de Cali para traer la gasolina en grandes recipientes, que mantenían en sus casas, le ponían gasolina a su carro manualmente, utilizando un embudo. Así que, Jorge se puso a la tarea de investigar cómo funciona una estación de gasolina e instaló una en Tuluá.

Lentamente el negocio fue progresando, Jorge llegó a tener 3 estaciones de gasolina. Les dio la administración de dos estaciones, a su hermano y a un cuñado, quienes eran un poco desordenados con las cuentas, pero, al fin y al cabo, eran su familia. La otra estación, la administraba él mismo.

Los servicios del carrotanque eran escasos y costosos. Algunas veces las estaciones se quedaban sin una gota de combustible por varios días, lo que afectaba el negocio. Jorge se vio en la necesidad de comprar su propio carrotanque, para surtir las 3 estaciones de gasolina.

Como el carrotanque pasaba largos periodos guardado en la estación, Jorge buscó la forma de lavar el tanque, para que en los tiempos en que no se necesitara transportar gasolina, se pudiera utilizar para llevar otra cosa; esta fue el transporte de leche. Parece casi imposible que Jorge en ese tiempo, hubiera dado con la fórmula de limpiar el tanque de tal manera que la leche no quedara con sabor a gasolina. Pero lo logró.

Una Hermosa Mujer

Una Hermosa Mujer

Jorge repartía su tiempo entre la administración de las estaciones de gasolina y el café. En las noches iba al café, no solo a verificar las cuentas, sino también a participar en las conversaciones de política y hacer cualquier cosa que viera necesaria, para que el establecimiento continuara siendo un lugar agradable para los clientes.

Una tarde entró al café un hombre grueso y alto, este era un rico hacendado de la ciudad, quien prestaba dinero a los comerciantes. El entró preguntando por Jorge Arroyave.

— Yo soy. ¿En qué le puedo ayudar? Contestó Jorge

— Soy Atilano Botero y vengo a cobrar una letra. Dijo él.

— ¿Una letra? ¿Me la puede usted mostrar? Instó Jorge.

El hombre mostró el documento que respalda una deuda de un tal Jorge Arroyave.

— Este es mi nombre, pero no mi firma, no soy yo. Pero si conozco a este hombre y es buena persona. Si quiere, yo le pago la deuda y yo se la cobro a él. No tendré ningún problema. Dijo Jorge.

— Está bien, dijo Atilano a quien, en ese momento, solo le importaba recuperar el dinero.

— Lo único, es que no lo tengo aquí, díganme a donde se lo llevo, mañana temprano estaré allí.

— Puede traerlo a mi casa, dijo el prestamista, pero mejor tráigalo a las 6 de la tarde, dentro de tres días, porque tengo otros asuntos, no podré atenderlo antes.

A los tres días, estaba Jorge Arroyave, a las 6 de la tarde en punto, tocando la puerta de la casa de Don Atilano Botero.

Abrió la puerta una señorita elegante quien lo examinó de pies a cabeza. Estaba allí frente a ella un hombre guapo, bien vestido y educado, ella lo invitó a pasar y le pidió que se sentara un rato, pues su padre estaba ocupado con una persona. Jorge se sentó en una de las elegantes sillas de esa sala y empezó a observar a su alrededor. De pronto, sus ojos se detuvieron en la mujer más hermosa que jamás había visto en su vida. Ella estaba sentada a la mesa del comedor, parecía estar escribiendo algo en un cuaderno. Jorge no le quitaba la mirada de encima, pues quería ver su rostro más claramente. La muchacha notó el calor de la mirada, volteó a mirar, saludó con una inclinación de cabeza y una sonrisa en sus labios.

— Que labios, Dios mío, murmuró Jorge. Quien se limitó a mover su mano en señal de saludo. Estaba petrificado, ante tanta belleza. Los cabellos de la joven estaban perfectamente peinados en unos rizos que le llegaban a la cintura. Ella vestía un traje blanco de dos piezas; con una falda que le llegaba por debajo de la rodilla, chaqueta estilo sastre, una blusa de seda, seguramente importada, con un cuello alto. La chaqueta ajustada a su pequeña cintura mostraba un muy bien contorneado cuerpo. Era la mujer del cuerpo y la cara perfectos. Esa sonrisa mostraba que también tenía una gran calidez humana. Jorge ni se dio cuenta en qué momento Don Atilano Botero se despidió de la persona, con la que conversaba en su oficina, solo se dio por enterado, cuando el señor de la casa, le dio la mano. Jorge entregó el dinero, recibió la letra de cambio sin decir nada, porque de su mente no se quitaba el rostro de aquella hermosa señorita.

Esa noche, Jorge no pudo dormir, solo pensaba en que él pudo haber entablado alguna conversación con la joven, ni siquiera sabía su nombre, ni siquiera había escuchado su voz. El recuerdo de esa sonrisa lo persiguió durante toda la semana. Entonces decidió que iría a verla y hablarle, decirle al menos un piropo.

El lunes estuvo todo el día parado fuera de la casa, pero no la vio pasar. En la tarde, estaba cansado de estar allí y sin almorzar, entonces, decidió que lo mejor era irse, volver otro día. Ya se iba a subir a su vehículo, color naranja, cuando la puerta se abrió, fue un gran impacto, parecía que se le salía el corazón de la emoción, pero solo salieron la señora de la casa, con la otra hija, aquella que le había abierto la puerta, la tarde que estuvo allí.

Jorge quiso decir algo, pero no sabía qué, así que se limitó a decir:

— ¡Adiós Suegra!

Recibió en respuesta una sonrisa de la mujer equivocada. Ese sería quizás el peor error de su vida, el que recordaría siempre.

Jorge averiguó algunos datos con los vendedores que había en el parque que quedaba justo en frente a la casa de la mujer de sus sueños.

Supo que la joven de sus sueños salía a misa todos los días, a las 7 de la mañana.

Al día siguiente, a las 6:45 am. Estaba Jorge parado unas casas más adelante en el camino al templo, cuando la vio salir, tan elegante, como la primera vez. Cuando ella pasó a su lado, Jorge le dijo.

— ¿Para dónde va? ¿La acompaño?

Ella le contestó

— Voy a misa, usted verá.
— Con usted voy hasta el cielo, dijo él.

Jorge la acompañó a aquella misa, era el comienzo de la novena de la Virgen del Carmen, y así todos los nueve días y los que siguieron. De esta forma, empezó una relación de amistad, de parte de ella, pero que Jorge con su gran paciencia, convirtió en amor. Él llegaba todos los días a las 6:30 de la mañana, estacionaba su auto color zanahoria, en frente de la casa de la familia Botero Restrepo, esperando la salida de la hermosa dama. Luego, se iban caminando a la capilla. Cuando regresaban de misa, él la despedía en la puerta de su casa, se montaba en su carro y se iba a trabajar.

Jorge supo que la dama de sus sueños estudiaba en calidad de interna en el colegio de las Salesianas en Popayán y que muy pronto tendría que despedirse. El sintió un profundo dolor en el pecho; a sus treinta y tres años, era la primera vez que sentía que estaba enamorado y no podía dejarla ir, se armó de valor y fue a visitar a sus suegros.

Le abrió la puerta la misma joven de la primera vez, quien lo recibió con una gran sonrisa. Jorge le dijo:

— Buenas tardes, estoy aquí para hablar con el señor Atilano y la señora Bertha. No tengo una cita. Por favor, ¿les podría informar que estoy aquí?

La joven lo condujo a la sala y se fue a llamar a sus padres. Muy pronto la pareja se hizo presente.

Jorge se puso de pie, para saludar con un apretón de mano al señor y una reverencia a la señora.

Buenas tardes ¿que lo trae por aquí? Dijo Atilano mientras indicaba el asiento para que Jorge se volviera a sentar.

— Un asunto muy personal. Dijo Jorge mientras se sentaba.

La chica que abrió la puerta, apretaba un pañuelo entre sus manos con emoción. Los padres miraban fijamente a Jorge, sin saber de qué se trataba.

— Quiero pedirles el favor, que me permitan visitar a su hija.

— Sí, sí, contestó la muchacha. Los padres voltearon a mirarla, con una mueca de desaprobación, el padre le pidió que se retirara.

La joven se marchó y Atilano continuó la conversación.

— Tengo varias hijas, ¿a cuál desea usted visitar?

— A Elvia Inés, dijo Jorge.

— Tengo que decirle que mi hija es una señorita de familia y que las visitas serán de seis de la tarde a ocho de la noche; no quiero que se vean en la calle, si ella no está acompañada. En la casa estarán siempre con la compañía de mi esposa.

— Acepto sus condiciones dijo Jorge. ¿Puedo verla hoy?

— Ella no está, pero llegará muy pronto informó Atilano

— Esperaré contestó Jorge.

— Está bien, dijo el señor Botero, mientras se levantaba de la silla y le ofrecía la mano.

—Jorge se levantó y apretó la mano que le tendía su futuro suegro.

En la sala quedaron la madre y el pretendiente, sentados uno frente al otro, sin cruzar ninguna palabra. Pronto llegó la joven que le abrió la puerta en la primera visita, se sentó al lado de su madre y empezó a preguntar:

—¿Cómo te llamas?

—Jorge Arroyave para servirla. Dijo él y le ofreció la mano. La joven alzó su mano con la languidez de una reina habituada a la adoración, ofreciendo el dorso como si fuera una joya destinada al roce de los labios de Jorge, mientras murmuraba:

— Yo me llamo Amanda, mucho gusto.

Jorge inclinó un poco la cabeza, mientras tomaba la mano, pero no la besó, se limitó a sostenerla por unos segundos. Luego regresó a su silla.

¿Dónde vives, a qué te dedicas? Preguntó la joven.

— Vivo aquí, en Tuluá, soy comerciante, respondió Jorge.

En ese momento llamaron a la puerta y Amanda se apresuró a abrir. Elvia Inés entró acompañada de una joven, traían en sus manos la revista de la acción católica, en la cual la recién llegada escribía una columna.

— Buenas noches, dijo Elvia. Que gusto encontrar a Jorge Arroyave por aquí.

— Sus padres me han dado el permiso para visitarla todos los días, de seis a ocho de la noche.

— Pues muchas gracias por pedir el permiso sin avisar, dijo Elvia, visiblemente contrariada. Yo tengo reuniones de la revista de seis a siete, así que su horario sería de siete a ocho, si usted lo desea.

— Cualquier horario será bueno para mí, solo quiero disfrutar de su compañía, aunque sea solo unos minutos.

Amanda salió de la sala molesta y comentó a sus hermanos que Elvia Inés le había quitado el novio, situación que desencadenó en una rivalidad con su propia hermana, con malos tratos y burlas, cada vez que tenía una oportunidad.

Cada encuentro entre Jorge y Elvia, en la señorial casa de los Botero, se reducía a charlas amables sobre las múltiples ocupaciones de ella: impartir el catecismo en la iglesia, recaudar fondos para los desamparados, colaborar en la revista, asistir a las Damas de la Caridad... En contadas ocasiones, desviaban la conversación hacia los negocios de Jorge. Jamás, sin embargo, cruzaron palabra alguna de amor, ni siquiera un roce furtivo de manos porque para ello, estaba allí la madre de Elvia, como toda señora de sociedad que estaba dispuesta a cuidar el honor de su hija a capa y espada.

Llegó el día en que la joven tuvo que marcharse al internado en la ciudad de Popayán, Jorge quedó desolado. Se encerró en su habitación, aunque era un hombre fuerte, lloró por primera vez.

Popayán

Popayán

Elvia ya llevaba un mes en el internado; Jorge estaba angustiado pues no había recibido noticias de la dama de sus sueños. Esa tarde llegó una carta al café, venía de Popayán. Jorge sintió una inmensa emoción cuando leyó el sobre y vio la inconfundible letra de su amor. Se encerró en su cuarto a leerla y salió de allí decidido acabar con sus treinta y tres años de soltería.

Jorge sintió el impulso de correr a la casa de los Botero a pedir la mano de su amada, pero decidió esperar a hablar con ella, pues no quería que Elvia se enojara, como la vez que el pidió permiso para visitarla sin haber hablado previamente con ella. Ella le había dejado en claro que quería ser partícipe de todas las decisiones que se tomaran. Esta mujer era cosa seria, no permitía que otros decidieran por ella.

Jorge le envió una carta preguntándole cuando estaría disponible para recibir su visita y tuvo que esperar un mes más por la respuesta, en la que le decía que debería ir al convento de las Hermanas Salesianas que quedaba a una cuadra del parque Caldas, allí preguntar por la superiora y pedir su permiso para poder conversar con la alumna.

Jorge tomó el tren el sábado de madrugada y estuvo en Popayán en la mañana, justo después de la misa diaria. La madre superiora lo recibió en su despacho y le preguntó cuáles eran sus intenciones con la joven. A lo que Jorge contestó: he venido a pedirle que se case conmigo. La hermana superiora no esperaba esa respuesta, pero ante ella estaba un apuesto joven dispuesto a casarse con la más hermosa y elegante interna de su convento. Así que dio su permiso para que se entrevistara con la joven en la salita de espera de su despacho, donde la monja estaría observándolo todo.

Cuando Elvia entró en la sala con su uniforme de colegiala, Jorge vio llegar un ángel. La muchacha cursaba el último año de secundaria en el colegio de las Hermanas Salesianas, que en esa época era solo para niñas de familias adineradas.

— Buenos días, dijo la joven mientras le saludaba de mano. Jorge recibió esa manita entre sus dos fuertes manos a forma de saludo, pero la soltó rápidamente por la presencia de la madre superiora.

— ¿Cómo estuvo el viaje? dijo ella.

— Muy bonito, el tren pasa por unos lugares hermosos, dijo Jorge. Además, Popayán es una ciudad increíble con todas sus casas blancas; aunque es colonial, posee calles anchas, la temperatura es agradable y se respira un aire saludable.

— Si, dijo ella, no hace mucho calor ni frío, este es el clima ideal.

— Perdone que le corte la conversación, pero quiero preguntarle algo y no puedo esperar más. ¿Me haría usted el honor de casarse conmigo?

— ¿Qué? ¿se ha vuelto loco? Apenas estamos conociéndonos. Dijo ella.

— Ya llevamos más de seis meses de conocernos. Dijo él.

— No, no nos hemos conocido todavía; además tengo que terminar de estudiar, dejémoslo para dentro de un año.

— Acepto, dijo él.

La visita solo duró dos horas pues ese plazo puso la madre superiora; Jorge le dijo a Elvia que volvería dentro de un mes y se despidieron de la misma forma que se habían saludado. La madre superiora escribió la siguiente carta:

Respetados señores Botero:

Con el mayor respeto me dirijo a ustedes para informarles de un asunto que considero de suma importancia en relación con su hija Elvia, alumna distinguida de este colegio de las Hermanas Salesianas.

En la mañana del pasado sábado, fui visitada por el joven don Jorge Arroyave, quien manifestó con absoluta claridad y formalidad sus intenciones hacia la señorita Elvia: solicitó permiso para entrevistarse con ella con el fin de proponerle matrimonio. Por mi parte, dispuse que dicha conversación se llevara a cabo en la salita de mi despacho, bajo mi observación directa.

La señorita Elvia, ataviada con su uniforme escolar, se mostró serena y dueña de sí. Escuchó con atención la propuesta del joven y, con admirable prudencia, expresó que debía concluir sus estudios antes de considerar un compromiso formal, proponiendo un plazo de un año.

Puedo asegurarles que el señor Jorge es un caballero correcto, bien educado y de intenciones sinceras. Su porte y su conversación denotan seriedad y respeto. Por lo anterior, me permito consultarles si autorizan que, a partir de la fecha, su hija pueda salir los días sábados a caminar por las calles de nuestra ciudad en compañía de dicho joven, sin la presencia de una religiosa, pero sí acompañada por otra alumna del colegio.

Considero que, por su madurez y carácter, la señorita Elvia sabrá poner límites adecuados y comportarse con la dignidad que siempre la ha caracterizado.

Quedo atenta a su respuesta y les saludo con mi consideración más distinguida.

Dios guarde a ustedes,

Sor María

Madre Superiora

Colegio de las Hermanas Salesianas

Popayán

A vuelta de correo llegó la respuesta de los padres:

Reverenda Madre Superiora:

Recibimos con sincero agradecimiento su atenta carta, en la cual nos informa con tanta claridad y detalle lo acontecido entre nuestra hija Elvia y el joven don Jorge. Valoramos profundamente su diligencia y la prudencia con que ha manejado la situación.

En lo que respecta a su consulta, confiamos plenamente en el buen juicio y la fortaleza moral de nuestra hija. Ella ha demostrado siempre una conducta intachable y estamos seguros de que jamás pondría en riesgo su honor ni el buen nombre de nuestra familia.

Por lo tanto, dejamos enteramente en manos de Elvia la decisión de aceptar o no las salidas sabatinas con el joven Jorge, ya sea fuera del colegio o en el mismo recinto, según lo considere más conveniente.

Agradecemos nuevamente su constante cuidado y dedicación hacia nuestra hija, y aprovechamos la ocasión para reiterarle nuestros sentimientos de respeto y consideración.

Atentamente,

Don Atilano Botero

Doña Bertha Restrepo de Botero

Padres de Elvia Botero

Cambio de Vida

Cambio de Vida

Jorge escribía cada día una carta para su amada y viajaba una vez al mes a la ciudad de Popayán a visitarla. Algunas veces salían a caminar por las calles de la ciudad y a disfrutar de un helado de paila. Otras veces la visita se hacía en los patios del colegio. El amor crecía entre los dos. Jorge llevaba su cuenta regresiva para el día de su boda.

En diciembre, Elvia volvió a la casa de sus padres en la ciudad de Tuluá, Jorge le manifestó que deseaba pedir su mano, siempre y cuando ella estuviera de acuerdo. Elvia aceptó sin protestar, le dijo que pusieran una fecha, así que eligieron el 20 de octubre, porque para esa fecha ya tendrían más de un año de novios.

Jorge llegó convertido en un manojo de nervios, no tenía ni idea de lo que dirían sus suegros. En la sala estaba la familia completa, inquietos por saber que era lo tan importante que Jorge tenía que decir.

— Bueno, ustedes saben que he estado visitando a su hija en la ciudad de Popayán. Dijo.

Todos asintieron con la cabeza.

— Ya llevamos algunos meses de noviazgo, hemos pensado en unir nuestras vidas bajo el sagrado vínculo de matrimonio, si ustedes están de acuerdo. Dijo Jorge.

— Antes de darle mi aprobación, quiero que usted sepa algunas cosas de la mujer que quiere llevar al altar: Elvia no sabe cocinar, lavar, planchar ni limpiar la casa. Ella siempre ha sido una niña mimada. Así que no espere que ella haga oficios domésticos en la casa. Dijo el padre de la novia.

— Por mí no hay ningún problema, dijo Jorge, yo sé hacer todo eso, pero le conseguiré una empleada, para que haga esas labores. Ella se encargará de ser la señora de la casa.

— Quizá usted no ha entendido, dijo Atilano. Usted no puede limitarla a la casa, ella es una mujer activa, puede conducir sus negocios o dedicarse a ayudar a los demás, se aburriría estando encerrada en una casa.

Jorge realmente no sabía qué decir, pero no iba a dejar escapar a la mujer de sus sueños por ningún motivo, por eso dijo:

— La acepto como ella sea o quiera ser. Si quiere escribir en la revista, ayudar en la iglesia, manejar mis negocios, o lo que ella desee, pues así será.

—¿Ustedes han pensado una fecha para la boda? Preguntó el suegro.

—Creemos que el 20 de octubre sería un buen día para unir nuestras vidas, Contestó el yerno.

—Pues no se diga más, a hacer los preparativos, para la boda del año. La hija de Atilano Botero se casará en la Basílica del Señor de los Milagros de Buga, Yo me encargaré de hablar con mi amigo, el obispo.

Después de las breves vacaciones de diciembre, Elvia regresó al internado en Popayán, donde terminó sus estudios. La joven regresó a Tuluá a mediados de junio para dedicarse por completo a los preparativos de la boda. Ella personalmente diseñó y confeccionó su vestido blanco. Junto a su madre, prepararon la fiesta más esplendorosa de la época.

El día de la boda, estaba la Basílica de Buga llena a reventar. Jorge esperaba impaciente en el altar. El clérigo lo llamó a la sacristía para confesarlo, después de este sacramento, le dio el siguiente consejo:

— Conozco muy bien a la dama con la que se va a casar, por eso, si quiere un matrimonio feliz, acepte este consejo: Cuando ella empiece a hacerle un reclamo por algo, tome un trago de agua en la boca, no se la trague, hasta que ella no termine de hablar.

Jorge asintió con la cabeza; este sería el mejor y más preciado consejo para mantener la felicidad de la pareja.

La violencia y las mudanzas

La violencia y las mudanzas

Una vez casados, la pareja siguió viviendo en Tuluá, donde Jorge tenía sus negocios. La casa junto a la estación de gasolina fue su nido de amor. Al principio, Elvia ayudaba a Jorge en el negocio, pero muy pronto tuvo un bebe, al año otro y otro. Así que se quedó en la casa cuidando de sus hijitos.

Jorge y familia se trasladaron a Buga donde procrearon otra hija, esta hija a la edad de seis meses sufrió de una enfermedad desconocida en Colombia, por lo que Jorge se contactó con la cruz roja internacional. Para poder conseguir la medicina. Jorge viajo a Estados Unidos y en el mismo aeropuerto de Nueva York, recibió las medicinas e inmediatamente se regresó a Colombia en el siguiente avión. Él estaba decidido a arriesgar toda su fortuna que tanto trabajo le había costado con tal de que su hija recobrara la salud. Los esfuerzos de este padre admirable y los desvelos de la madre dieron su fruto, pues la hija recibió todos los cuidados necesarios para salir de esta enfermedad y crecer como una niña normal.

Cuando Jorge tenía el negocio del café se convirtió en un seguidor ferviente del partido liberal, allí se hablaba de política. Él era un activista reconocido; en su emisora se podían escuchar los discursos del caudillo Jorge Eliecer Gaitán, un hombre que movía las masas con su potente voz, quien realmente tenía el don de la elocuencia y que llenaba las plazas de cualquier lugar a donde fuera. Todo hacía parecer que finalmente se acabaría la hegemonía del partido conservador y el nuevo presidente sería un liberal.

Después, Colombia vivió uno de sus periodos más oscuros y tristes de su historia, en el año 1948, el asesinato de Gaitán desató la guerra civil. Liberales contra conservadores y conservadores contra liberales. La cabeza de cualquier caudillo tenía precio, también la de Jorge.

Ya habían pasado varios años desde el principio de esta época que se llamó la violencia, teóricamente, está había terminado, pero no para todos, en los campos todavía existía y todavía moría gente en manos de los del partido contrario.

Un día iba Jorge en un bus, a hacer un negocio fuera de la ciudad, el vehículo fue detenido por unos seguidores del partido conservador, a quienes llamaban pájaros. Ellos hicieron que se bajara toda la gente, uno a uno, fueron separando a los liberales de los conservadores.

Cuando le llegó el turno a Jorge, unos dijeron que era Jorge Arroyave, un liberal empedernido, que tenía que morir, otros dijeron, que este era el yerno de don Atilano Botero, por nada del mundo podría ser liberal, si no, conservador, como el suegro.

Se enfrascaron en una discusión entre ellos descuidando a Jorge, quien escapó corriendo entre la vegetación, perdiéndose de la vista de esta gente.

Esa noche llegó Jorge a su casa cansado, con rasguños y la ropa hecha pedazos, pues en su escape se había golpeado y resbalado por entre piedras y plantas, innumerables veces.

— ¿Qué ha pasado? Dijo Elvia asustada.

— Toma a los niños, tenemos que huir de aquí. En el camino te cuento. Dijo Jorge.

Jorge se cambió de ropa rápidamente, Elvia quien estaba embarazada de su sexto hijo, empacó lo que pudo, en dos maletas con la ropa de ella, su esposo y sus cinco hijos. Todos se acomodaron en el auto de Jorge, salieron esa misma noche con rumbo al Cauca, donde creían que nadie los conocía y podrían empezar una nueva vida.

Jorge dejó los negocios en manos de personas de su confianza, quienes no se metían en política, pero a quienes les gustaba el licor, la buena vida y las cuentas no muy claras.

Después de algunos días de camino, por carreteras sin pavimentar llenas de huecos que, más parecían un camino de mulas que una carretera para un carro, llegó la familia Arroyave Botero a Mercaderes, un pueblo que parecía abandonado de Dios y de los hombres.

Consiguieron una casa en arrendamiento y empezaron una nueva vida con pocos recursos económicos. Compraron una fábrica de bebidas gaseosas, la llevaron a este pueblo donde no había acueducto.

Jorge tuvo que idearse la forma de llevar su camioncito a la orilla de una cascada, lo arrimaba los más que podía a la caída de las aguas, colocaba una manguera en posición vertical, con un embudo en la punta y el otro extremo a una caneca de 55 galones; así llenaba, una a una, todas las canecas que tenía acomodadas en el vehículo. El agua pasaba por un buen proceso de filtrado y Jorge mismo elaboraba y embotellaba las bebidas, que eran distribuidas en las pocas tiendas de Mercaderes, en algunos pueblos cercanos y en el mercado una vez a la semana.

Amenaza de Muerte

Amenaza de Muerte

En un país convulsionado, donde mostrar su afiliación política lo podría enviar a la tumba, Jorge no olvidaba la política. Quizá ese era el único defecto que le encontraba Elvia, quien continuamente le decía que olvidara eso, que recordara porque habían tenido que huir y refugiarse en ese pueblo perdido en el mapa, lejos de su familia y sin dinero para vestir a los seis hijos que habían procreado.

Aunque Jorge entendía a su esposa y le prometía que dejaría la política, siempre volvía a las mismas andanzas. Todas las tardes se encontraba en el café del pueblo con sus seguidores; Jorge les hablaba de un mejor futuro para el país, donde los pobres pudieran tener acceso a la educación, a mejores salarios, a hospitales de calidad, etc.

Y fue allí donde llegaron para darle fin a su vida. Primero, le llegó el cuento a Elvia. Ella estaba embarazada de su séptimo hijo. Le dijeron que había dos hombres esperando a Jorge en el café para matarlo.

Elvia sabía que a Jorge no se le podía decir nada, porque él iría directamente al café a preguntar: ¿quién es que me va a matar? Y también diría en tono de desafío "Aquí estoy". Así que ella diseñó un plan:

Mandó un mensajero al boticario del pueblo, quien era lo más parecido a un médico, en ese lugar. El mensaje decía que, si Jorge iba por allá, dijeran que el boticario no estaba, que había salido del pueblo y se demoraría quince días.

Dejó a sus hijos al cuidado de una vecina, con la condición de que no los dejara salir, que nadie los viera, hasta que ellos regresaran que ella le pagaría muy bien.

Mandó un mensaje a Jorge, diciéndole que se sentía muy enferma, que quizá había complicaciones con el bebé. Antes de ir a la casa, Jorge pasó por la botica. Apenas el boticario vio el carro de Jorge se escondió en la trastienda, mandó a su hijo quien le dijo que su padre, el boticario, no estaba en el pueblo y se demoraría quince días. Jorge llegó asustado a la casa, encontró a su esposa llorando y retorciéndose del dolor.

— ¿Qué está pasando? Dijo Jorge

— Algo no está bien. Dijo Elvia haciéndose la valiente, colocando sus manos debajo del vientre donde se alojaba el hijo que estaba por nacer.

— ¿Puedes aguantar un poco? Dijo Jorge

— No, el dolor es horrible dijo ella retorciéndose.

Sin pensarlo más, Jorge la tomó en sus brazos, la acomodó en la parte trasera del vehículo, donde puso un colchón y unas sábanas para que ella se sintiera cómoda. Inmediatamente tomaron camino hacia un pueblo llamado El Bordo, donde sí había un médico.

Elvia se quejaba mucho, parecía sufrir demasiado, Jorge estaba desesperado. Fueron diez largos días en los cuales Elvia estuvo fingiendo de tal manera, que ni el médico, ni las enfermeras, sabían cuál era el problema y temían por la salud de la criatura que estaba por nacer.

De todos modos, lo único que podían hacer era monitorear los latidos del corazón del bebe y la madre, pues no había muchos adelantos en medicina por ese tiempo.

Elvia pensó que diez días eran suficientes, que aquellos hombres ya habían abandonado el pueblo. Así que, milagrosamente amaneció sana, sin dolores ni llantos. El doctor le pidió que se quedara unos tres días más, para hacerle un seguimiento a la enfermedad. Pero Elvia se resistió, diciendo que los niños estaban al cuidado de una vecina, que habían estado ausentes muchos días y ya era el momento de regresar.

El médico no tuvo otra opción más, que darle de alta. Jorge se sentía feliz de que su esposa se hubiera mejorado y le daba gracias a Dios y a la Virgen del Carmen por haber logrado esa sanación milagrosa.

Una vez en Mercaderes, Jorge se dio un baño y se fue para el café que era el sitio donde se sabían todas las noticias (chismes) del pueblo. Cuando llegó, lo recibió el dueño del lugar.

— Don Jorge, hace tiempo que no lo veíamos por aquí, ¿dónde estuvo?

— Mi esposa estaba entre la vida y la muerte, estuvimos a punto de perder a nuestro hijo. Dijo Jorge.

— Pues, de gracias a Dios que usted no estuvo aquí.

— ¿Cómo así? ¿Qué pasó? Preguntó Jorge

— Pues, estuvieron dos hombres buscándolo para matarlo.

— ¿Y porque nadie me dijo?

— No sé, yo traté de buscarlo para que no viniera, mandé un muchacho en tres ocasiones a su casa, pero estaba cerrada y nadie sabía nada.

En ese momento, Jorge se dio media vuelta y se fue sin despedirse del dueño del café; se encolerizó con el pueblo y sus gentes, con las personas a las que consideraba sus amigos, pues ninguno tuvo la valentía de ir a decirle lo que estaba pasando.

Entonces decidió que ni un hijo más nacería en ese pueblo y empezó los preparativos para la mudanza, se irían para El Bordo, pues era un pueblo más cercano a Popayán y más evolucionado.

El Bordo

El Bordo

La mudanza demoró más de lo que había pensado. Mientras Jorge buscaba una casa grande en el corazón del Bordo, su esposa dio a luz en Mercaderes, era una hermosa niña, que es quien hoy escribe esta historia.

— Pues no se registrará la niña aquí, ella será registrada como nacida en el Bordo. Dijo él. De todos modos, tenían que esperar a que la madre cumpliera los reglamentarios 40 días de cama, después de dar a luz. Una vez cumplido ese lapso de tiempo, Jorge mudó primero a su familia y después a la fábrica de gaseosas Ducal. Mudar una fábrica, no es fácil, se requiere transportar la pesada maquinaria y una gran cantidad de botellas de cristal que eran usadas para el empaque de la bebida, por eso Jorge tuvo que hacer varios viajes en su camión.

En medio del ajetreo de la mudanza, Elvia se dio cuenta de que la bebe había dejado de comer, se estaba poniendo cada vez más delgada. La niña lloraba y lloraba y no encontraban la razón de este llanto, además, varias veces al día tenía episodios de fiebre repentina. La madre entró en pánico, pensando que su hija iba a morir sin la bendición de Dios, pues no estaba bautizada. Entonces, corrió hacia la capilla del pueblo y le pidió al sacerdote que le administrara el sacramento a la pequeña.

— Señora, para bautizar un bebe necesitamos un padrino y una madrina. Dijo el sacerdote.

— Los padrinos viven en Popayán y no alcanzarán a llegar, la niña está muy enferma y va a morir sin la gracia de Dios. Dijo Elvia

— Busque unos padrinos de reemplazo dijo él.

Elvia salió a la calle con su bebe en brazos, el cual, que no dejaba de llorar y ardía en fiebre, abordó a la primera persona que pasó, se trataba de un muchacho de 18 años de edad.

— ¿Puede usted servir de padrino para bautizar esta niña? Es que está a punto de morir y yo quiero que mi hija vaya al cielo. Dijo la angustiada madre.
— Con mucho gusto, dijo el muchacho a quien le gustaba ayudar a la gente.

Una mujer que estaba rezando en la iglesia se ofreció para hacer de madrina y bautizaron a la niña. Esa tarde, el joven llegó a su casa emocionado contando que había sido el padrino de una niña, que estaba a punto de morir. Por aquellas cosas locas de la vida, pronto se dieron cuenta, que los nuevos vecinos eran la familia de la niña. Pareció que el agua bendita hizo sus efectos en la criatura, quien empezó esa misma tarde a comer y dejó de llorar.

Los padres registraron a la niña en El Bordo como nacida allí, le cambiaron la fecha de nacimiento, para evitar pagar una multa, por registro tardío. Algún tiempo después, Elvia concibió y dio a luz otra hermosa y saludable niña.

El Teatro

"flipper"
see how the
fabulous dolphin
was discovered
IN METROCOLOR
CHUCK CONNORS · LUKE HALPIN · "FLIPPER" · KATHLEEN MAGUIRE
ARTHUR WEISS
RICOU BROWNING and JACK COWDEN · JAMES B. CLARK · IVAN TORS

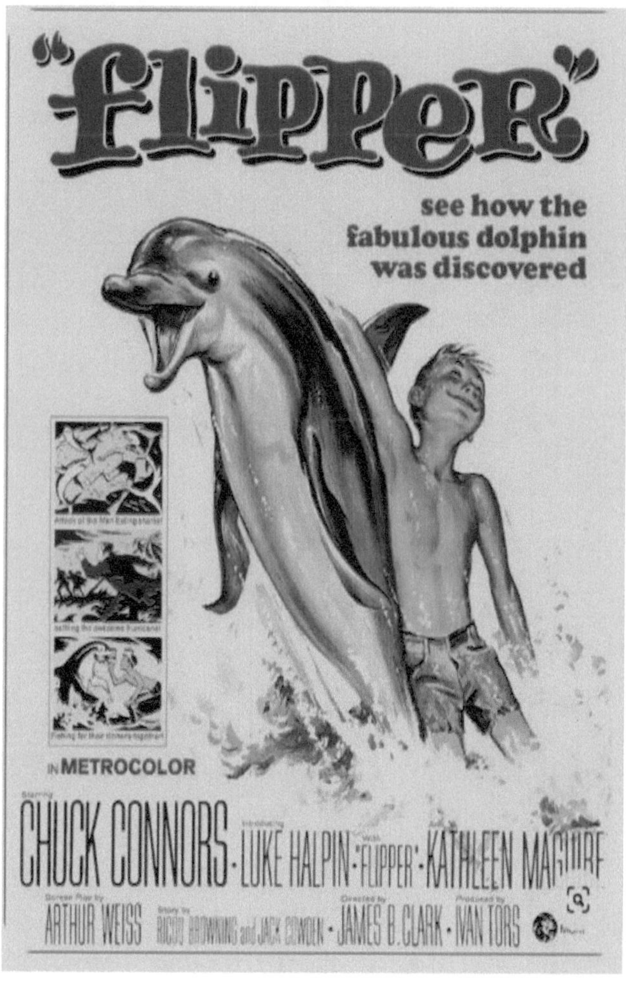

El Teatro

De las estaciones de gasolina ya no quedaba nada, porque los familiares de Jorge se bebieron las ganancias, luego se fueron bebiendo el capital, de tal manera que no quedó dinero para comprar el combustible, ni los repuestos que se vendían en esos lugares.

Elvia pasó de ser una princesa en la casa de su padre, a ser ahora una mujer que luchaba, para que sus hijos pudieran salir adelante. Su padre, el rico comerciante murió y aquella que creía que Elvia le había quitado el novio, hizo todo lo posible para cambiar el testamento, dejando a Elvia con lo que ella consideraba no le iba a servir de nada. Una finca en el Darién, un sitio tan alejado de la civilización, que el mayordomo venía una vez al año a pedir su salario. Esta finca era una carga más para la familia Arroyave Botero, por lo que decidieron abandonarla.

Con los ahorros que habían reunido con las pequeñas utilidades de la venta de gaseosa, compraron lo que siempre fue el sueño de la vida de Jorge, ¡un teatro! El teatro era rudimentario, pero era lo que se usaba en esa época, las bancas eran de madera, el proyector seguía siendo manual. Jorge proyectaba las películas y Elvia se encargaba de vender los tiquetes en la taquilla y luego recibirlos a la entrada del teatro. Se presentaba la misma película muchas veces. (Yo recuerdo con mucha emoción, los carteles de la película Flipper, que estuvieron guardados en nuestra casa, por mucho tiempo, hasta el terremoto que azotó a Popayán en el año 1983.)

Los esfuerzos de Elvia y Jorge estaban dando fruto, el teatro era un sitio concurrido y las gaseosas Ducal se vendían muy bien, el dinero no les sobraba, pero tampoco les faltaba, hasta pudieron hacer una donación de una estatua de la Virgen María para el cementerio del Bordo, ofreciendo un consuelo para quienes sepultaban a un ser querido en este sitio sagrado.

Popayán, una nueva vida

El negocio iba marchando bien, la pareja trabajaba sin descanso en la fábrica de gaseosas y el teatro. Los hijos que estaban en edad escolar habían sido enviados a internados, que costaban mucho dinero. La madre quería estar cerca de ellos y tenerlos a todos juntos, por eso decidieron mudarse a la ciudad de Popayán.

Vendieron el teatro, del que solo conservaron, cuatro bancas de madera, que llevaron con ellos. Dos bancas hicieron las veces de muebles de sala y dos fueron usadas para completar el comedor de la nueva casa.

Jorge y Elvia, rentaron una casa en el barrio Valencia, calle Quinta A, se trataba de una casa grande con un jardín al frente y fachada en granito negro y blanco. La casa tenía varios patios por lo que se dedicó el segundo patio para la instalación de la fábrica de gaseosas.

Ellos ya tenían ocho niños que exigían comida y ropa. Los que estaban en edad escolar fueron puestos a estudiar en buenos colegios, pues la educación era lo más importante para la pareja, quienes empezaron la elaboración y distribución de las gaseosas Ducal.

El dinero que les quedó de la venta del teatro se gastó en la mudanza, en la compra de uniformes y útiles escolares para los hijos y la familia empezó a vivir con las utilidades de la semana: compraban un bulto de azúcar, lo convertían en gaseosas que eran distribuidas en las tiendas de la ciudad y los alrededores. Con el producto de la venta compraban otro bulto de azúcar, así siguieron por un tiempo.

Tenían un problema grave, que era sacar la licencia para vender el producto en la ciudad, donde existía otra fábrica de gaseosas. Lo triste era que semanalmente llegaba un funcionario del ministerio de salud a cerrar el negocio, por no tener la licencia en orden.

Yo, aunque era una niña de pocos años, recuerdo la imagen de ese hombre flaco, alto y petulante. Pues cuando él llegaba, mi mamá lloraba, yo no sabía por qué. Cuando estuve un poco mayor, comprendí que ella lloraba, porque cuando le cerraban la fábrica, no tenía con qué alimentar a sus hijitos.

Tampoco le daban la licencia a Jorge, quien prácticamente vivía en las oficinas de salud pública, llevando papeles y más papeles, cada vez le pedían algo que supuestamente faltaba. Un día el funcionario que siempre lo atendía no se encontraba en su puesto de trabajo, lo atendió otra persona quien le dijo.

— Sabe, lo he visto todas las semanas aquí, me da rabia pensar que esta gente hace todo esto, para no darle la licencia. A estos empleados de aquí les pagaron para que usted no pueda conservar su fábrica y decida irse o venderla. Yo tampoco le puedo aprobar ese papel, porque perdería mi trabajo. Pero le aconsejo que se vaya a Bogotá y saque la licencia nacional. Con todo ese papeleo que usted tiene, se la dan de inmediato.

— Muchas gracias hombre, dijo Jorge, le agradezco su sinceridad, así lo haré.

Jorge viajó a Bogotá y consiguió la licencia nacional, regresó con los insumos necesarios para producir las gaseosas. Lo mismo que las etiquetas de las botellas, porque había muchas, que no estaban contramarcadas.

Estos sucesos que les relato no ocurrieron en un tiempo corto, mientras Jorge iba y venía de la oficina de salud pública de Popayán, pasaron varios meses. La fábrica de bebidas gaseosas permanecía cerrada y la familia tenía que comer, así que Elvia aprendió a hacer galletas, todos los niños participaban en la elaboración de ellas, unos marcando los moldes en la masa, otros organizándolas en las latas que se usaban para llevarlas al horno.

Elvia se encargada de hacer la masa y hornear las galletas, los dos hijos mayores las vendían a las puertas, de los dos almacenes grandes que había en la ciudad y también en el colegio, pues les habían permitido vender en el recreo. Muchas veces este producto se pasaba de cocción, otras veces de bicarbonato y así se vendían, no podían descartarse porque esta era una forma de ganarse la vida.

La familia nunca aguantó hambre porque Elvia y Jorge siempre tenían ideas para llenar esos estómagos y hasta compartían con personas que estaban más necesitadas que ellos. Por las noches llegaban a la casa unos niños que traían una olla, eran de apellido

Chamizo, pero las niñas les habían puesto como apodo cariñoso, "Los Chimisitos" Elvia llenaba la olla con los excedentes de comida del día, estos niños se sentaban en el antejardín a consumirla, otras veces la llevaban para su casa, pues siempre decían que su mamá estaba enferma, que ella no podía cocinar.

Era por eso por lo que, en la casa de los Arroyave, se preparaba siempre uno o dos platos más, que pudieran servir a un necesitado. Muchas veces llegaron a la casa niños que vestían harapos, Elvia les entregaba un jabón y una toalla para que se bañaran, les daba ropa de sus propios hijos y un plato de comida caliente.

Por su parte, Jorge había encontrado un lugar donde vendían a granel maíz, fríjol, arroz y otros alimentos no perecederos. Como este lugar manejaba grandes cantidades de comida, en el proceso de empacado se regaba mucho. Después de barrer, empacaban estos desperdicios en bultos de fique que Jorge recogía semanalmente diciendo que era para alimentar unos perritos.

Cuando llegaban esos bultos a la casa, el contenido se esparcía en la mesa del comedor. Todos los niños de la familia jugaban a separar los productos, así se hacían paquetes de arroz, lentejas, garbanzo, fríjoles y arvejas.

Estos eran utilizados para preparar los alimentos; aunque no sobraba, Elvia regalaba parte de estos productos, ya bien separados, a una familia cuyo padre había muerto en un accidente.

A pesar de que la fábrica de gaseosas Ducal ahora tenía una licencia de salud pública, para vender a nivel nacional, los problemas no cesaron: otra fábrica había contratado unos jóvenes para que quebraran cada botella que encontraran marcada con las letras Ducal.

La consecución de las nuevas botellas era difícil, porque había solamente una fábrica de botellas de vidrio en Colombia. Ellos solo producían grandes cantidades, que los Arroyave no podían pagar.

Era difícil meter dentro del auto todas aquellas cajas de madera donde se transportaban las gaseosas, que estaban empacadas en envases de vidrio. Jorge tuvo otra de sus ideas geniales; cortó el automóvil, unos centímetros después de los asientos de la parte delantera y le acomodó un cajón de camión en la parte trasera. Él mismo hizo los cortes y las soldaduras para terminar la cabina.

Esto le permitió llevar más cajas en un solo viaje e ir un poco más lejos para distribuir el producto sin problema. ya que en Popayán no se podía vender la gaseosa tranquilamente.

Este camioncito duró muchos años entre la familia, además de servir para transportar los productos de venta, también servía los domingos para sacar a toda la familia a pasear.

JORGE Y ELVIA

La fábrica de chupis

La Fábrica de Chupis

En esos días el plástico se conocía en la ciudad de Cali, todavía no había llegado a Popayán. Jorge viajó con sus dos hijos mayores a un lugar donde vendían la máquina, para hacer bolsas plásticas.

Dijo que la comprarían, pero necesitaban verla bien. Se la mostraron. Ellos la miraron por dentro y por fuera, dijeron que volverían después, con el dinero para llevarla. Llegaron a Popayán, con una idea. Ellos mismos construyeron una máquina en madera, que hacía lo mismo, además podía sellar una bolsa llena de líquido.

Empezaron a embolsar el mismo producto de las gaseosas, excluyendo el gas y mandaron a marcar el plástico con el nombre de Ducal. Había que darle un nombre al nuevo producto y toda la familia se reunió a pensar en cómo se le podría llamar.

Algunos nombres fueron gaseosa en bolsa, bebida fácil, para chupar. Cuando alguno salió con la idea "para chupar" pues solo hay que hacer un huequito en un extremo y succionar su contenido, se les ocurrió, que podría llamarse chupis y así lo dejaron. De esta forma nació la fábrica de chupis Ducal.

Los mayores de la familia trabajaban elaborando los chupis, mientras los más pequeños empacaban paquetes de 20 unidades de sabores variados. Por las noches, las niñas se turnaban para acomodar sobre un tubo de aluminio, la mayor cantidad del plástico tubular.

A este tubo estaba adherida una manguera que se conectaba a un grifo que se encontraba en la parte inferior de gigantesca caneca donde estaba él liquido preparado para los chupis. Esta estaba colocada a cierta altura de tal manera que el líquido bajaba por gravedad. Se sellaba la punta del plástico y se abría lentamente el grifo hasta que se lograba un flujo permanente. Así, se sellaba un chupis, mientras el plástico se iba llenando para el siguiente.

Inicialmente, uno de los hijos mayores colaboraba con el sellado por las noches; más adelante, una de las hijas también sellaba los chupis y hacían competencias al que más cantidad lograra hacer. De esta forma, adquirieron una gran velocidad.

Jorge salía en la mañana de barrio en barrio, de tienda en tienda, ofreciendo el producto que tuvo una gran acogida entre los niños. Algunas tiendas los vendían fríos, pero otras los vendían congelados, era una delicia que se vendía hasta en los colegios.

Jorge y Elvia inventaban promociones y ofrecían un chupis gratis a cambio de diez empaques vacíos. Los pequeños de la familia iban en el camioncito de Jorge a los barrios populares. Él, con su parlante anunciaba la promoción que duraría solo 30 minutos. Los niños se agolpaban alrededor del vehículo, para hacer el cambio. Las niñas Arroyave estaban por todas partes, recibiendo las bolsas vacías y entregando los chupis.

Algunos pensaban que las bolsas se reutilizaban, pero la verdad no se podía, por salubridad y porque la velocidad de producción no permitía llenar uno por uno. Todas las tardes, las bolsas eran quemadas en el patio trasero de la casa.

También las niñas Arroyave iban a la emisora Radio Popayán, regalaban chupis a los participantes de concursos de canto, dibujo o lo que fuera que la emisora realizara. Ya no se conocían como las Arroyave sino como las niñas chupis.

La familia se mudó a una casa más grande en la Calle Del Cacho. Esta estaba dividida en dos; la vivienda a un lado y la empresa en el otro. Allí se instaló la fábrica de gaseosas en un pequeño espacio y la fábrica de chupis ocupaba mucho más.

Había espacio amplio para la sala de ventas y muchos vendedores ambulantes llegaban a comprar los chupis que se tenían congelados, listos para que salieran con sus termos a venderlos en el parque o en las plazas de mercado.

Las gaseosas se hacían a pequeña escala, pues ya no quedaban muchos envases de vidrio y se vendían en zonas rurales, lejos de Popayán para evitar la pérdida de las botellas.

La Distribuidora de Huevos

En Popayán se vendían los huevos traídos del campo; los campesinos los empacaban en unas cunas hechas con hojas de plátano y amarradas con el mismo material o con hilo de fique.

Diariamente, llegaban a las puertas del negocio personas vendiendo los huevos que se compraban para alimentar la familia. De un momento a otro, nadie volvió ofreciendo este producto; pronto se supo que había una escasez debido a una enfermedad de las aves.

Jorge y Elvia conocían que, en Buga, Valle, había granjas de gallinas dedicadas a esta producción. Así que, movieron sus contactos y lograron que les vendieran una gran cantidad de huevos que trajeron en su camioncito.

Los huevos ocuparon un espacio en la amplia sala de ventas, con visibilidad a la calle. También trajeron rollos de plástico transparente para hacer bolsas plásticas en las cuales cupieran 10, 20 y 30 huevos.

Este producto se vendía rápidamente de tal manera que Jorge viajaba semanalmente a Buga para traer más huevos; había equipado el camión con unas tablas de madera removibles en forma de camarotes, donde se acomodaban las bandejas de huevos perfectamente, el camión llegaba cargado hasta el tope.

Una noche venían en el camión Jorge y Elvia. Ella había aprovechado el viaje a la avícola en Buga para visitar al médico de la familia, que vivía allí. Se demoraron toda la tarde cargando el vehículo y aunque era ya de noche, la pareja decidió hacer el viaje de regreso, sobre todo, pensando en los niños que estarían en casa esperándolos.

Elvia comentaba.

— Está muy oscura esta noche.

— Si, es luna nueva. Dijo Jorge.

—Estoy contenta, porque hemos conseguido un mejor precio en los huevos, si seguimos así, pronto vamos a poder terminar de pagar la casa.

— Si, que bueno que don Luis ya cobró los dos cheques. Ahora solo falta hacer el acuerdo sobre cómo le pagaremos el saldo y hacer la escritura. Al fin, mi amor, vamos a tener un lugar propio donde recostar la cabeza. Dijo Jorge.

— Sí, al fin. Dijo ella con una sonrisa, esa sonrisa que Jorge amaba tanto. El la miró de reojo y sonrió también. De pronto Elvia gritó:

— ¿Qué es eso?

Jorge no alcanzó a contestar, porque un camión, que venía en reversa, se subió por la parte de al frente del camioncito y los apretó. En segundos, el pequeño vehículo que llevaba los huevos estuvo reducido a latas retorcidas.

Jorge llevaba una caja de fósforos en el bolsillo de su camisa. La dirección del vehículo se incrustó en su pecho, quebrándole algunas costillas, la caja de fósforos explotó y se prendió en fuego la camisa.

Elvia rebotó contra el parabrisas del carro y se quebró la frente, estaba inconsciente por ese golpe. El camioncito rodó por un precipicio empujado por ese gigantón, cargado de bultos pesados.

Cuando el vehículo finalmente se detuvo, Jorge se dio cuenta que estaba atrapado, pero vivo. Percibió un olor a carne quemada y llamaba a gritos a Elvia. El solo podía voltear un poco la cara para verla. Ella parecía muerta. Él seguía gritando, para que ella abriera los ojos, pero su mano no alcanzaba a tocarla.

Pronto llegaron unos campesinos que habían escuchado el golpe. Como pudieron, desinstalaron la puerta, para sacar a Jorge que tenía fuego en el pecho. Él les gritaba que la sacaran a ella primero, que le hicieran abrir los ojos, que no la dejaran morir.

Como pudieron, utilizando la fuerza, los hombres sacaron a Jorge, le apagaron la camisa y fueron por ella, que aún no daba señales de vida. Cuando, por fin, lograron sacarla, Elvia abrió los ojos y débilmente preguntó por Jorge.

El único teléfono del área estaba a más de media hora a caballo; un joven salió, a todo galope para llamar a los bomberos. Ellos llegaron lo más pronto posible junto con la ambulancia que transportó la pareja al hospital. Elvia no soportaba el movimiento del carro, pues el dolor de su frente era tan fuerte que parecía como si se le fuera a reventar toda la cabeza.

Como era de esperarse, todos los huevos se quebraron, el camión quedó reducido a escombros y allí quedaron los sueños de hacer un tercer pago de la casa.

¿Cómo fue el accidente? La carretera bordeaba una montaña y el camión con los huevos iba subiendo. En la parte de arriba, estaba estacionado un camión dañado, que estaba repleto de una carga pesada. El chofer se había ido en un bus a Popayán, para traer el repuesto y dejó a su ayudante cuidando del vehículo y su contenido.

No prendieron ninguna luz de advertencia, no colocaron ningún triangulo, de colores llamativos, o al menos, unas ramas de árbol o cualquier cosa visible que indicara, que el vehículo estaba descompuesto. Tampoco le pusieron alguna piedra para detener las llantas y así evitar que se resbalara. El ayudante se estiró en el asiento del chofer y se quedó dormido. Entre sueños hizo movimientos que pusieron la palanca del vehículo en neutro; sin haber puesto el freno de mano, el camión empezó a deslizarse carretera hacia abajo. Lo demás… ya lo sabemos.

Jorge se recuperó pronto; él era súper positivo y siempre estaba, como él mismo decía, "buscándole la chispa a la vida." Sin embargo, Elvia tenía fracturado el cráneo en la parte de la frente, no podía moverse por los fuertes dolores. Ella permaneció en cama por más de 6 meses.

Fueron también seis meses, en que las niñas pequeñas, no podían correr por la casa, ni gritar, jugar o pelear, pues su mamá, estaba entre la vida y la muerte. El médico decía que eso era cuestión de tiempo, que el hueso se repararía solo y los dolores se irían cuando estuviera completamente sellado.

Pasaron los meses, parecía que el dolor de Elvia no quería irse. Un día, llegó de visita un hermano de ella llamado Enrique, quien vivía en Cali; venía de Piendamó, donde dijo, a una niña se le apareció La Virgen y estaba haciendo milagros.

Entre sus cosas, traía dos botellas de un litro de capacidad, llenas de un agua color café, porque eran tiempos de lluvia.

Le contó a Elvia que estaban ocurriendo muchas sanaciones; que los cojos podían correr; que dejaban tiradas sus muletas y sillas de ruedas allí mismo. Los ciegos podían ver, los sordos oír y los mudos hablar. Elvia que ya había probado toda clase de hierbas y remedios para su dolor, por eso lo autorizó para que regara esa agua sucia, por donde quisiera.

Enrique, primero le mojó la cabeza completamente con el contenido café de las botellas, lo que le sobró lo regó por toda la casa. Al día siguiente, Elvia estaba de pie, dispuesta a enfrentar las labores del día en los negocios de venta de huevos y el de los chupis, como si nada hubiera pasado.

¡Se había producido un milagro!

Nace Plásticos del Cauca

Pronto, Elvia se dio cuenta, que muchas personas les compraban los huevos a ellos y no en otra parte, porque los empacaban en bolsas plásticas resistentes, las cuales eran reutilizadas para otros fines. Algunas personas le pedían que les vendiera 10 bolsas que necesitaban empacar algo. Entonces Elvia tuvo la idea que dio nacimiento a Plásticos del Cauca.

Jorge y Elvia empezaron a producir bolsas transparentes, con capacidad para una libra y un kilo. Ellos fueron personalmente a las tiendas, donde empacaban el arroz, la sal, el azúcar, etc, en empaques hechos de papel Kraft. La pareja compraba una libra de cualquier producto y frente al tendero, la vaciaban en la bolsa plástica transparente y le hacían ver la importancia de exhibir el producto; para que fuera más atractivo para el cliente. También les enseñaban a los tenderos a sellar la bolsa utilizando una peineta y una vela.

El negocio fue avanzando, gracias a las múltiples ideas de Elvia y Jorge, quienes siempre inventaban algo nuevo. Lentamente fueron ampliando la línea de plásticos: consiguieron unos rollos de plásticos de colores que tenían 1 metro y diez centímetros de ancho. Lo cortaban pedazos de 1 metro con 40 centímetros, lo doblaban y empacaban, por docenas, en colores variados.

La gente los compraba para protegerse de la lluvia, especialmente los del campo. Muy pronto el producto se hizo popular. Lo llevaban los tenderos de los pueblos y vendedores de las plazas de mercado al por mayor. La familia no se daba abasto cortando, doblando y empacando, entonces Jorge diseñó y construyó un aparato para cortar 100 piezas de una sola vez. Con este aparato se acabaron las trasnochadas de la familia.

Don Raúl, un empresario de la ciudad de Cali, producía los rollos de plásticos de colores con estampados de flores y otros de frutas. Él les ofreció este producto para hacer manteles de mesa. Don Raul traía personalmente, en su vehículo, los rollos para que Elvia y Jorge pudieran venderlos.

De nuevo Jorge construyó una máquina para cortar estos plásticos, pero en un tamaño diferente, estos debían tener un metro con ochenta centímetros de largo para que sirvieran tanto como manteles o como cortinas.

Elvia también empezó a usar el plástico para tejer, cortaba largas tiras de 1cm de ancho y con una aguja de crochet gruesa, tejía bolsos para dama, cofres joyero y hasta trajes de baño, incluso hacia fajas para adelgazar las cuales tejía con tiras de plástico negro.

Las bolsas transparentes se empezaron a hacer en múltiples tamaños según las necesidades de los clientes, se adicionó las bolsas para los semilleros de café y de pino. Las bolsas de más venta eran las pequeñas de 2 pulgadas de ancho por dos de largo que eran utilizadas para empacar especias, cabía solo lo necesario para la preparación de una sopa familiar. Los vendedores de este producto sellaban las bolsas como Elvia y Jorge les habían enseñado y pegaban en un cartón 12 o 24 bolsitas de especias, que vendían a los tenderos, los cuales vendían el producto por unidad.

Luego se introdujeron las bolsas blancas para empacar en las tiendas. Se vendía desde una bolsa en adelante; con el tiempo, la gente empezó a comprar paquetes de cien y se ajustó la venta a mínimo cien unidades o múltiplos de cien.

La muerte de Don Luis y la nueva casa

Don Luis, era el dueño de la casa y a quien ya le habían dado dos cheques como adelanto para hacer la escritura de la propiedad. Este era un hombre de unos 50 años, delgado, de un metro y setenta y dos centímetros de estatura, que vivía junto a su esposa y dos hijas.

Don Luis tenía en el fondo de esta casa una fábrica de bloques de hielo. El hombre llegaba temprano a entregar su producto a los vendedores ambulantes quienes los utilizaban para hacer raspados. Se pasaba gran parte del día conversando con Jorge y Elvia, parecía que no quería ir a su hogar.

La conversación era agradable y se habían vuelto muy amigos. Habían hecho un trato verbal de venta de la casa, pero después del accidente, se dilataron las cosas y no habían podido concretar su negocio por escrito. Como ya Elvia estaba de nuevo a cargo de los negocios, retomaron el tema de la compra de la casa e hicieron una nueva propuesta que don Luis aceptó.

Antes del mediodía, don Luis salió a buscar su vehículo para regresar a su casa para almorzar con su familia y se encontró a su esposa en la acera enfrente del negocio. La mujer empezó una discusión y fue entrando en colera, sus gritos se escuchaban desde dentro del negocio. Jorge estaba cerrando el local, saludó a la mujer con un movimiento de cabeza. De pronto, vio que don Luis se llevaba la mano al pecho, al mismo tiempo que caía sobre la dura acera. Fue un infarto. Jorge lo llevó de inmediato al hospital, pero ya no había nada que hacer, había muerto.

Diez días después de la muerte, se presentó la mujer pidiendo el arrendamiento. Jorge muy amablemente le dijo que ya no pagaban arrendamiento pues habían hecho un trato de compra y estaban pagando la casa. La mujer se puso furiosa y les gritó que le desocuparan lo más pronto posible.

Jorge y Elvia se dieron cuenta de que tenían que contratar un abogado de inmediato. Después de muchas querellas, se perdió el caso. La mujer fue sentenciada por el juez a devolver el dinero, el cual fue entregando en módicas cuotas. La familia Arroyave fue obligada a abandonar la vivienda y el local.

Desesperados, Jorge y Elvia salieron a buscar una casa que fuera lo suficientemente grande donde pudieran acomodarse con sus nueve hijos y además la fábrica de chupis, la de gaseosa, los huevos, el nuevo emprendimiento de los plásticos. Encontraron una casa, en la calle del cacho. No hay mal que por bien no venga, esta estaba mucho mejor ubicada que la anterior. Además, consiguieron un contrato de arrendamiento, con opción de compra, todo por escrito.

El lugar estaba en precarias condiciones de sanidad; cuando llegaron a limpiar, encontraron que alguien había defecado en las habitaciones, en los patios y hasta en la cocina. Claro, que sí había baño, dos para ser más precisos. La casa se veía lúgubre; estaba pintada de blanco, pero su aspecto era oscuro, sombrío. Daba miedo a cualquiera quedarse allí, aunque fuera por unos segundos.

En el último patio se encontraba la cocina la cual contenía una gran estufa de leña que descansaba contra una pared. Al frente de la estufa se encontraba un moderno lavaplatos, creando un contraste entre lo antiguo y lo nuevo. La cocina estaba conectada con un patio de tierra y en vez de puertas tenía dos grandes arcos, estaba conectada a un comedor por un solo arco, de tal manera que no tenía puertas, ni ninguna clase de seguridad que detuviera la entrada de los gatos, ratones, ratas y demás alimañas.

El comedor también era abierto y dos grandes arcos lo separaban de aquel oscuro patio de tierra donde había algunos árboles frutales y plantas de tabaco.

En la noche era un problema para las hijas de la familia, el tener que quedarse allí limpiando la cocina y el comedor. Ellas lo hacían sin mirar hacia la oscuridad. Las niñas sentían un temor profundo de que se les apareciera algún fantasma o de pronto ver unos ojos brillantes que las estuvieran mirando desde esa negrura. Todas se acompañaban en el trabajo de limpieza, pues ninguna quería quedarse sola allí.

En ese tercer patio había dos habitaciones, que en tiempos de la colonia eran los dormitorios de los esclavos que prestaban sus servicios a los dueños de la casa. Estos cuartos, con sus puertas de madera antigua y suelos de baldosas desgastadas, también asustaban.

En uno de ellos la familia guardó aquellas cosas que ya no necesitaban. Allí estaban los carteles de las películas, rollos de boletería, rollos de película, aparatos viejos, teléfonos que ya no funcionaban. Era el lugar preferido de la que escribe este libro, que tenía una súper imaginación y un destornillador.

El patio de tierra no tenía iluminación y estaba separado del segundo patio de la casa por una gran puerta de madera pintada de verde que parecía que tuviera la edad de la casa; eran dos pesados y gruesos cuerpos que se cerraban con un pasador antiguo.

En este segundo patio los Arroyave construyeron un mezanine de madera para instalar allí el laboratorio, donde se preparaba el jarabe de las bebidas gaseosas; este bajaba por gravedad hacia la máquina embotelladora, donde era mezclado con el agua carbonatada y tapado a presión.

Cerraron uno de los amplios corredores de la casa para instalar allí la fábrica de chupis con sus grandes tanques en los cuales se depositaba el producto terminado.

La entrada de la casa se hacía por una puerta de un metro con cincuenta de ancho, después seguía un corredor de ese mismo ancho el cual desembocaba en el primer patio; en sus corredores se colocó la venta de huevos y bolsas plásticas. Los chupis y las gaseosas se vendían al por mayor y a domicilio. Se repartían directamente a las tiendas de Popayán y los pueblos de los alrededores.

Crece Plásticos del Cauca

Lentamente se fueron adicionando más productos al almacén de plásticos. Jorge diseño otra máquina mucho más rápida para hacer las bolsas plásticas. Esta máquina requería de dos operarios; sellaba y cortaba la bolsa por dos lados, así que dos de las hijas se sentaban a la máquina y hacían paquetes de 25 bolsas que eran cortadas a la mitad quedando 50.

Elvia no desaprovechaba ninguna oportunidad de hacer promoción al almacén de Plásticos; contrató publicidad con un locutor de la radio que pasaba música de moda y con un programa de música dedicado al campo que se llamaba "Guasquilazos". Ella les pagaba con productos del almacén.

Un día se presentó un hombre con una maleta de vendedor en su mano y dijo:

— Buenos días, me llamo Rodrigo, quisiera ver las cortinas de baño que ustedes venden.

Elvia le mostró las cortinas hechas con plástico sencillo de colores y algunas estampadas. El sacó de su maleta una muestra de telas plásticas con estampados hechos especialmente para baño, además también tenía telas para mantel. Elvia estaba fascinada, había visto que estas cortinas las vendían en los grandes almacenes de cadena, pero eran costosas y de una sola medida, por eso sus clientes preferían las cortinas de plástico sencillo, hechas a la medida en Plásticos del Cauca. Una de las hijas de Elvia les ofreció un café que Rodrigo aceptó gustoso.

Mientras tomaban el café, Rodrigo contó que iba en un taxi para el terminal de transporte cuando escuchó la publicidad del almacén y decían que vendían cortinas de baño y manteles de mesa. Inmediatamente, le dijo al conductor que lo llevara al lugar del que hablaban en la radio. Rodrigo también ofreció otros productos y propuso facilidades de pago. Elvia le dijo:

— Me interesan las telas para mantel y cortinas, pero no las cortinas hechas, pues son costosas. Además, las personas de Popayán tienen baños muy altos y quieren cortinas largas. Rodrigo aceptó venderle solamente las telas y allí nació una amistad que duró por muchos años y que le dio un gran impulso al almacén.

Aunque el almacén estaba abierto ocho horas diarias, Elvia y Jorge no descuidaban a su familia y continuaban cultivando ese amor que había entre los dos. Jorge con su alegría contagiosa, siempre estaba haciendo bromas sobre todo lo que veía y seguía tratando a Elvia como la princesa de la cual se enamoró y que siempre siguió amando. Cuando él salía a alguna parte, siempre llegaba con un regalo especial para Ella: podría ser un bocadillo o solo una fruta, pero escogía la mejor para la dueña de su corazón.

La Finca

La Finca

Jorge amaba el campo. Aunque los negocios familiares estaban en la ciudad, su corazón pertenecía a la naturaleza. Desde niño había soñado con un lugar propio donde las montañas acariciaran el cielo, y finalmente encontró ese pedacito de paraíso en el Cerro Catalina, en la región de Buenos Aires, Cauca, un volcán apagado hace miles de años.

Los vecinos del lugar se reían de él. Decían que esa tierra era ácida donde solo crecían helechos y maleza, un terreno estéril e inhóspito. Pero Jorge era un hombre obstinado. Cuando fijaba su mirada en algo, lo convertía en su misión. Decidió mostrarle a su familia aquel sueño antes de que fuera una realidad y organizó un paseo para el domingo.

Después de dos horas de viaje, Jorge detuvo su viejo camioncito a la orilla de una serpenteante carretera, con los ojos

brillando de emoción, anunció:
—Ese cerro que ven allá será nuestra finca.

Sus palabras dejaron a todos sin aliento. La montaña se erguía majestuosa, con un anillo de nubes abrazando su cumbre. Desde lejos, se percibía como un gigante dormido, lleno de secretos. Los campesinos de la región decían que se trataba de un volcán apagado, con un cráter semioculto bajo tierra y piedras. "Un lugar peligroso", advertían, pero Jorge no conocía el miedo.

La familia comenzó a caminar por las laderas, en medio de helechos que les acariciaban las piernas y maleza con afiladas ramas que cortaban la piel al tocarla. Jorge abría el paso con un machete, infundiendo confianza. Tras una hora de camino, llegaron al río "La Teta". El agua cristalina corría con una melodía que hipnotizó a los niños.

—Aquí empieza nuestra finca, anunció Jorge con una sonrisa triunfal.

Mientras los hombres querían seguir explorando, las niñas corrieron hacia el río. Sus risas llenaron el aire mientras se zambullían en las aguas tibias. Elvia, observaba a su familia disfrutando del lugar, mientras apreciaba la vegetación, las flores de los árboles y las mariposas de múltiples colores que volaban entre ellas. La madre pidió a los niños que juntaran leños secos para improvisar una fogata. Colocaron tres rocas e hicieron una comida sencilla pero inolvidable: yuca y plátanos asados, acompañados de un pastel de banano que Elvia había preparado y agua de panela.

A las 3 de la tarde, emprendieron el camino de regreso, aunque a las niñas no les gustaba la idea de marcharse tan temprano, pero ya se sentía la humedad en el aire y las nubes estaban oscuras. La lluvia los atrapó en el camino de regreso, a donde habían dejado el camioncito, empapándolos de pies a cabeza. Eran las 4:30 cuando el vehículo empezó a moverse por la carretera de regreso. Esta era un sendero de tierra rojiza, que se transformó en una trampa resbaladiza. El camioncito, antiguo, pero fiel, avanzaba con dificultad; más bien, resbalaba, hasta que una llanta cayó en un hueco profundo y quedaron atascados. Jorge, metido dentro de una bolsa plástica, revisó la situación con una linterna y comprendió que no podrían continuar. La oscuridad era absoluta, y la lluvia no cesaba. La única opción era levantar el camión, cosa que no podía hacerse con un puñado de niños. Necesitaba hombres que ayudaran. Era de noche, estaba supremamente oscuro, lloviendo y no había ni un alma a la vista.

—Pasaremos la noche aquí —dijo con serenidad, aunque por dentro sentía el peso de la responsabilidad.

Utilizando el líquido de frenos, Jorge encendió una fogata bajo la lluvia. El fuego chisporroteaba, desafiando las gotas que intentaban apagarlo. Jorge preparó agua de panela y asó unas yucas, para acompañar el pastel de banano. Esta fue la cena de toda la familia. Los niños se quedaron dormidos en la parte trasera del camión, donde habían colocado colchonetas y cobijas. Los adultos se turnaron para vigilar sus sueños, acompañados por el sonido de la lluvia y los rumores del monte.

El amanecer llegó como una bendición. El cielo, despejado y luminoso, reveló un paisaje transformado con la sinfonía de las aves, un cielo despejado, el olor fresco de la tierra y la yerba mojada. El barro amarillo rojizo brillaba como cobre bajo la luz del sol. Los zapatos resbalaban en el terreno, haciendo cada paso una pequeña batalla. A lo lejos, Jorge pudo ver una casita humilde entre cafetales y les gritó:

— ¡Buenos días! De respuesta escuchó a un pájaro carpintero dándole picotazos al tronco de un árbol.

Lentamente fueron llegando algunas personas, eran los vecinos del lugar, personas de rostro curtido y corazón generoso, con ropas gastadas por el trabajo. Un hombre llevaba una jarra de café caliente y dos vasos de latón.

— ¿Necesitan ayuda? Les traigo un poco de café para que se calienten. Dijo con una sonrisa que irradiaba calidez.

Jorge aceptó el café y se sentó sobre una piedra a conversar mientras el líquido caliente le devolvía las fuerzas. Pronto, otros hombres se unieron, dispuestos a ayudar. Los niños bajaron del vehículo.

Jorge colocó unas tablas frente a las llantas del camión para facilitar su movimiento, los hombres unieron sus hombros y brazos a la carrocería y con un esfuerzo monumental, lograron liberar la llanta que se había atascado en uno de los huecos hechos para el alcantarillado de la carretera. Jorge le dio una revisión rápida y vio no había sufrido daños. La familia podía continuar su viaje.

Antes de partir, Elvia ofreció lo que quedaba del pastel de banano. Los hombres lo comieron lentamente, saboreando cada bocado como si fuera un manjar desconocido.

Para muchos, aquel paseo habría sido un desastre. Pero para Jorge y su familia, fue el comienzo de una historia que contarían una y otra vez, con risas y nostalgia. El Cerro Catalina se había convertido no solo en su finca, sino en el escenario de una aventura inolvidable.

La obstinación de Jorge había encontrado eco en la generosidad de los desconocidos y en la magia del campo, donde hasta los días más duros dejan un rastro de esperanza.

Una vez comprada la finca, se empezó la construcción de una cabaña en la mitad del terreno, en el único sitio plano que tenía el Cerro Catalina. Jorge junto a uno de sus hijos y un familiar de Elvia, pasaron el primer día limpiando el lugar; con machetes cortaron la maleza y sacaron una que otra culebra que tenía su nido allí. Habían llevado limones y panela. Con el agua de uno de los arroyos que pasaba cerca, hicieron una buena limonada endulzada con la deliciosa panela.

Cuando la noche cubrió con su manto el cerro Catalina, se dieron cuenta de que era tarde, no habían tenido tiempo para hacer un fogón para preparar comida. Rápidamente tendieron un plástico e hicieron un cambuche para pasar la noche.

Jorge juntó tres piedras, prendió una fogata y puso la olla para cocinar algunos plátanos y yucas comprados en la región. Se sirvieron estos manjares en unas hojas de plátano. Después de comer, se tendieron sobre el piso a disfrutar del cielo estrellado, mientras su cuerpo se enfriaba y empezaban a sentir el dolor del cansancio de un día de arduo trabajo físico.

Al día siguiente, comieron lo mismo de la noche anterior y salieron a inspeccionar el lugar, tendrían que buscar materiales para hacer la cabaña. Al entrar en los montes se encontraron con la triste realidad; aserradores ilegalmente, habían tumbado los grandes árboles de la propiedad y los habían convertido en tablas, las cuales habían sacado, seguramente a lomo de mula.

Pero estos piratas habían desechado los orillos de los árboles y esto le dio a Jorge una gran idea, podrían hacer la cabaña utilizando estos orillos que se veían muy buenos para a hacer las paredes. En pocos días, construyeron una cabaña para utilizarla como vivienda, otra para cocina y comedor y otra para albergar los trabajadores que llevarían a la finca.

Utilizando la misma madera hicieron las camas, llevaron desde Popayán las tejas de latón para los techos y quedó listo el paraíso. La cabaña de la cocina, con su gran estufa de leña, ocupaba un lugar especial. Tenía una ventana amplia, que la comunicaba con el comedor donde había una gran mesa y unas bancas fijas, también hechas con la madera de la misma finca. El comedor tenía una pared de un metro y diez centímetros de alto, diseñado para que los comensales pudieran disfrutar del paisaje mientras comían, además de poder ver si llegaba algún visitante.

En una de esas primeras noches en la finca, Los tres pioneros escucharon el estruendo causado por los disparos de escopetas. Se escuchaban cercanos. Los hombres se levantaron de inmediato y pudieron escuchar con claridad, que los tiros estaban siendo disparados en los montes de la misma finca. Pronto supieron que cazadores furtivos, entraban a la finca para cazar un ave en vía de extinción llamada "pava". Jorge quien era una persona consiente del cuidado de la naturaleza ideo un plan para sacar a esta gente de su propiedad.

Muy pronto, cinco perros grandes tenían cada uno su propia casita en el cerro Catalina. Las casitas de estos fieles animales estaban distribuidas estratégicamente alrededor de las cabañas. De día, los perros estaban amarrados a unas cadenas largas que les daban facilidad de movimiento, pero en la noche los soltaban y ellos vigilaban la finca completa. Por toda la región se corrió la noticia de que en el cerro Catalina había unos perros, que eran unas fieras. Estos podrían devorar a cualquiera que se aventurara por esos terrenos. Así fue como, los cazadores y taladores de árboles, tuvieron que buscar otro lugar a donde ir.

Una vez estuvo terminada la cabaña para los trabajadores, se empezó a recibir personal para domar esta tierra que nunca había sido utilizada; parecía que, en ella, solo podían nacer helechos. Los cuales cortaban hoy y en una semana estaban otra vez allí.

Jorge construyó una pequeña presa a manera de acueducto en un manantial de aguas cristalinas y condujo el agua hasta la casa. También construyó un pozo séptico, solo para las aguas residuales del inodoro. El agua, que salía de la cocina y de la ducha, era reutilizada para regar la tierra.

Empezaron a sembrar pasto para alimentar doscientas cabezas de ganado vacuno, un burro, dos mulas y tres caballos. El problema era que los helechos crecían rápidamente y asfixiaban cualquier planta que se sembrara. Jorge descubrió que, si les pegaba con un palo, los helechos morían y demoraban mucho más en volver a salir.

A partir de ese momento, todos los trabajadores y dueños, empezaron a recorrer la finca con su machete a la cintura y un garrote en la mano, para darle duro a todo helecho que se encontraran a su paso.

Jorge hizo un préstamo al Fondo Ganadero para comprar el ganado, pues veía que esta era una buena inversión; los animales estaban subiendo de peso y tamaño, muy rápidamente. Todo iba a pedir de boca hasta que empezó el verano. Los animales buscando un poco de agua se lanzaban precipicio abajo y la familia que no estaba acostumbrada a comer carne, empezó a comerla en todas sus presentaciones.

Jorge llegaba de la finca, todos los fines de semana con carne fresca y ahumada.

Rápidamente, Elvia y Jorge se dieron cuenta que tenían que vender los animales a lo que les dieran por ellos si quería al menos pagar lo que le habían pedido prestado para comprarlos.

El entendió que una montaña con laderas tan empinadas no sirve para la ganadería, había que pensar en un nuevo uso para el terreno. En una explanada, sembraron doscientos árboles de "tangelo", una clase de naranja súper jugosa y dulce. Ya Jorge había sembrado árboles frutales a lo largo de todos los cercos de la finca. Tenía mango, naranja, limón, aguacate, guayaba, madroño, manzana, pera, níspero, guama, etc. Lentamente se fueron haciendo nuevos cultivos de yuca, plátano, banano, caña panelera, café y por algún tiempo pinos destinados a la fabricación de papel.

Jorge también hizo una carretera que llegaba hasta la casa de la finca. Él mismo, con unos pocos trabajadores construyó un puente sobre el río, para el paso de un vehículo y al mismo tiempo tenía unas compuertas que cuando se cerraban, el rio se re represaba convirtiéndose en una gigantesca piscina para la diversión de la familia.

La Comunidad y la Guerrilla

Jorge visitaba la finca cada semana. En el camino, casi siempre, encontraba personas que caminaban largas distancias; él, sin pedir un solo peso a cambio, las invitaba a subir a su carro y las llevaba a su destino, siempre que este estuviera en la ruta hacia la finca. Con el tiempo, se había ganado el cariño y el reconocimiento de todos: desde los niños que jugaban a la orilla de los caminos hasta los ancianos que, al verlo pasar, levantaban sus bastones en señal de saludo. Cuando había una reunión, un bautizo, una primera comunión o un matrimonio, Jorge era siempre el invitado de honor.

Su corazón generoso no se conformaba con pequeños gestos: soñaba con que la vida de aquella comunidad mejorara en todos los sentidos. Lo primero que hizo fue conseguir que el gobierno arreglara la carretera intermunicipal que hasta entonces parecía un camino de herradura perdido entre la maleza. De su propia finca, regaló toda la piedra y el balastro, conocido también como roca muerta, necesario para su reparación.

Cada año, puntual como un reloj, se presentaba en las oficinas de Obras Públicas Departamentales para pedir maquinaria y personal para hacerle mantenimiento a la carretera. Más tarde, logró que un autobús hiciera la ruta en los días de mercado, permitiendo así que la gente sacara sus productos y los vendiera en las plazas de los pueblos vecinos.

Aquí les comparto algunas de las muchas anécdotas donde la bondad de Jorge se convirtió en su propio salvavidas, en un escudo invisible y fuerte que nada ni nadie podía traspasar.

Una tarde, Jorge conducía por la carretera cuando vio a un hombre que subía la cuesta con un enorme bulto al hombro. El desconocido avanzaba tambaleante, vencido por el cansancio, como si llevara en su carga todo el peso del mundo. Jorge detuvo su vehículo y le ofreció llevarlo. El hombre, de pocas palabras, aceptó en silencio. Así, viajaron sin cruzar palabra alguna, envueltos apenas en el ruido del motor del vehículo y rumor del viento entre los árboles.

Al llegar al desvío que conducía a su finca, Jorge le dijo que hasta allí podía acompañarlo. El hombre, con voz apagada, le pidió que lo llevara un poco más allá. Pero ya era tarde para hacer el desvío y luego enfrentarse de nuevo al difícil ascenso hacia la montaña. Jorge, que escuchaba a lo lejos el claxon del autobús anunciando su llegada, le explicó:

—Escuche, viene el bus, usted podría ir en él.

—No tengo dinero para el pasaje.
Confesó el hombre, bajando la mirada.

Sin pensarlo, Jorge metió la mano en su bolsillo, sacó unos billetes y se los extendió.

—Tome, para que pague el pasaje.

—Se los devolveré, prometió el hombre.

—No se preocupe, respondió Jorge con una sonrisa cálida. Se los regalo con cariño.

El hombre, agradecido, preguntó su nombre.

—Jorge Arroyave, dijo, estrechándole la mano.

Jorge subió a su camioncito justo cuando el autobús llegó y pudo ver al hombre subir con su bulto a cuestas, perdiéndose entre los pasajeros como si nunca hubiera estado allí.

Pasaron los días, otra historia quedó grabada en la memoria de aquel camino. Esta vez, como era su costumbre, Jorge recogió a dos hombres desconocidos. Sus rostros endurecidos y sus miradas hoscas parecían destilar odio hacia el mundo. Uno a uno se bajaron las otras personas que Jorge había recogido. Los hombres permanecían en el vehículo sin decir palabra. No hablaban con nadie ni entre ellos; apenas parecían respirar.

Cuando llegaron al cruce hacia la finca, Jorge giró la cabeza para pedirles que descendieran. Entonces vio que ambos hombres estaban armados: uno apuntaba al conductor y el otro, con la mano firme, presionaba el cañón del arma contra la sien izquierda de Jorge.

Con voz grave, el hombre que lo encañonaba ordenó:

—Voltea el carro y sigue la carretera.

El conductor miró a Jorge en busca de una señal, este, sin perder la calma, asintió levemente. Avanzaron carretera abajo, envueltos en un silencio denso como niebla.

Finalmente, los hombres indicaron que se detuvieran. Dejaron el carro junto a una casita de madera vieja, casi tragada por la maleza, caminaron media hora hasta llegar a una choza ruinosa, de techo vencido por los años. Amarraron a Jorge y al conductor en sillas desvencijadas, tapándoles la boca con trapos ásperos y malolientes y los dejaron allí; por las grietas de las paredes se filtraba el sonido del viento y del murmullo inquietante de los árboles.

Cuando la tarde comenzaba a caer y la luz se tornaba dorada y espectral, Jorge escuchó voces: "ya viene el jefe", dijo uno de los hombres. Un hombre con el rostro cubierto por un trapo, entró en la choza. Observó a Jorge y a su conductor con atención, luego ordenó desatarlos.

Acercándose a Jorge, le extendió la mano y con voz solemne, dijo:

—Lo siento mucho, don Jorge. Perdón por las molestias causadas.

Jorge, aún aturdido, estrechó aquella mano.

—Ustedes, dijo el jefe, dirigiéndose a sus hombres, conozcan a Jorge Arroyave y entiendan bien: a este hombre no lo volverán a tocar. Él sirve al pueblo, ayuda al campesino y es un ejemplo a seguir.

Mientras hablaba, el jefe retiró el trapo que cubría su rostro y Jorge reconoció, con asombro al mismo hombre a quien tiempo atrás había ayudado dándole dinero para pagar el autobús.

La vida, en aquellas tierras olvidadas, tejía sus propias leyendas; Jorge, sin saberlo ya era parte de ellas.

En aquellos tiempos, las comunicaciones con la finca no se hacían por celular ni internet. Eran los días del radioteléfono, de voces que viajaban por el aire como pájaros invisibles. Los afiliados a la Banda Ciudadana podían hacer llamadas desde un teléfono hasta una central instalada en lo alto del cerro de Las Tres Cruces, un lugar tan estratégico como místico, donde, se decía, la niebla traía mensajes y los rayos nunca caían por respeto a las cruces que recordaban a Jesús crucificado en medio de dos ladrones.

Desde allí, el operador transmitía la llamada por ondas hasta el radioteléfono del receptor o hacia una llamada telefónica para comunicar un radio teléfono con cualquier vivienda ubicada en Popayán. Jorge, aunque tenía uno de esos aparatos en su casa, con una antena de diez metros que parecía hacerle cosquillas a las nubes, prefería seguir usando los servicios de la Banda Ciudadana. Cada mañana, puntual como el canto del primer gallo, a las 4:30 llamaba a la finca para coordinar las tareas del día.

Esa mañana, la voz del mayordomo sonó extraña al otro lado del aparato.

—Don Jorge… los muchachos están aquí. Quieren hablar con usted.

Jorge no hizo más preguntas. Colgó el auricular con serenidad, organizó sus cosas y emprendió el viaje a la finca, solo, sin conductor y sin decir a nadie la razón de aquella intempestiva partida. El cielo estaba cubierto de nubes pesadas, como si presintieran lo que estaba por suceder.

Cuando tomó la carretera destapada, los campesinos que encontraba en el camino solo lo saludaban con una mirada larga y silenciosa. Nadie se atrevía a hablar. Todos sabían, todos temían. En sus ojos había algo que no era miedo, sino respeto y una plegaria muda.

Al llegar a la finca, la escena era desconcertante: unos cien hombres, armados, estaban allí. Se comían los alimentos destinados a los trabajadores con la voracidad de quien no teme.

Habían roto el pequeño lago donde Jorge criaba más de doscientas tilapias; la pobre cocinera, entre el humo y la prisa, freía los peces como si fuera el último encargo de su vida.

Jorge los saludó con la misma calma de siempre. Detrás de sus palabras había un fuego quieto.

—Ya estoy aquí. ¿En qué puedo ayudarles?

El jefe del grupo, que lo esperaba sentado a la mesa como si estuviera en casa ajena, en realidad, lo estaba, lo miró sin ocultar su intención.

—A partir de ahora usted está detenido por el pueblo. Dijo el hombre. Mañana se le hará un juicio, y se cumplirá la sentencia inmediatamente. Entréguenos las llaves del carro. Es libre de andar por donde quiera, pero no podrá salir.

—Está bien, señores. Que disfruten su comida. Respondió Jorge, entregó las llaves sin aspavientos y se retiró a su habitación, como quien confía más en la verdad que en la fuerza.

Al amanecer del día siguiente, el patio de la casa estaba repleto de gente. No era solo un juicio. Era una especie de ceremonia, un tribunal campesino con aroma a tierra húmeda y voces que sabían contar lo vivido. Todos los habitantes de la vereda estaban allí. Y todos lo saludaban con afecto, con ese tipo de afecto que no se finge ni se improvisa.

Los campesinos hablaron de Jorge. De cómo había logrado que el gobierno arreglara la carretera, de cómo los transportaba sin cobrarles ni un centavo, de cómo jamás se negaba a un favor, incluso en tiempos difíciles. Pero fueron los jóvenes los que más conmovieron a todos. Ellos hablaron de los regalos que Jorge llevaba cada Navidad para los niños que encontraba en la carretera. Muchos aseguraron que el único juguete que recibieron en su infancia, lo recibieron de él. Un muñequito, un juego de yaz, un carrito de plástico, una pelota de caucho, unos dulces, unas palomitas de maíz. Estos eran pequeños objetos que al pasar por el recuerdo, brillaban como amuletos.

El jefe guerrillero escuchaba en silencio, rodeado por su tropa. Y aunque intentó mantenerse firme, algo se quebró en la dureza de su expresión. Finalmente, sin aspavientos, anunció la decisión.

—Queda libre, don Jorge. No volveremos a detenerlo. Solo le pedimos que les suba un poco el sueldo a sus trabajadores y si alguno resulta flojo o no quiere trabajar, pues despídalo. Pero usted… usted, siga siendo como es.

Jorge agradeció sin palabras, solo con una inclinación de cabeza.

Las personas se fueron marchando una a una, tan despacio, como si no quisieran dejar a Jorge solo, después de este extraño juicio en el que una vez más, el amor del pueblo había vencido al temor de las armas.

Otro día, cuando el sol comenzaba a descender como una naranja roja tras los cerros, Jorge terminaba de despedirse de unas personas a las que había llevado en su camioncito. Eran jornaleros, madres con niños dormidos en brazos, ancianos que aún sabían bendecir a quien los ayudaba. Con una sonrisa en los labios, Jorge les deseó buen camino y giró sobre sus talones para regresar al volante. Entonces, lo vio venir…

Desde un costado del camino, tambaleándose como una sombra borracha, apareció un hombre con la ropa sucia, el rostro hinchado por el alcohol y la mirada extraviada.

—¡Eh, amigo! ¡Lléveme al pueblo de Buenos Aires! Gritó, mientras se acercaba a paso torpe.

—Para allá no voy. Le contestó Jorge, intentando subir tranquilo a su camion.

Pero el hombre no se detuvo. Más bien, aceleró su paso hasta interponerse entre Jorge y la puerta del vehículo.

—¡Pues me tendrá que llevar! Insistió, la voz enronquecida y la terquedad latiendo en sus ojos.

Jorge, sin perder la calma que parecía envolverlo siempre como un escudo invisible, respondió con cortesía firme:

—No puedo. Yo me quedo en el Cerro Catalina.

El borracho frunció el ceño, como si su mente turbia luchara por entender las palabras. De repente, una chispa oscura cruzó su rostro.

—¿Ah, usted es Jorge Arroyave? Preguntó en un tono que se volvió gélido.

Antes de que le pudiera responder, el hombre sacó de debajo de su chaqueta una escopeta recortada y con un movimiento torpe pero amenazante, le apuntó directamente al estómago y luego la apoyó sobre el corazón de Jorge.

Durante un instante, el viento pareció detenerse. El campo se volvió un cuadro inmóvil; las hojas suspendidas en el aire, los pájaros callados, el eco del mundo contenido en un solo latido. El conductor sintió que le corría un sudor frio desde el cuero cabelludo hasta la boca.

Con una serenidad que parecía de otro tiempo, Jorge bajó lentamente la mirada hacia la boca de la escopeta.

—Retire esto. Podría causar daño a alguien. Le dijo con voz suave, como si hablara de un bastón mal apoyado y no de un arma apuntándole al corazón.

Con un movimiento pausado, casi paternal, Jorge tomó el cañón del arma con dos dedos y lo apartó de su cuerpo, mientras miraba al hombre directamente a los ojos. No había rabia en su gesto, ni temor; solo una firmeza tranquila que parecía brotar de su interior, algo que el borracho no alcanzaba a comprender.

Fue en ese momento que, como si el campo entero hubiera respirado aliviado, varios familiares del hombre aparecieron corriendo desde las casas cercanas. Gritaban su nombre, lo llamaban, le imploraban que bajara el arma.

En medio del alboroto, lo desarmaron y lo arrastraron hacia una de las casas, mientras el hombre, ya sin fuerzas, balbuceaba palabras sin sentido.

—¡Perdón, don Jorge! ¡Mil disculpas! Decían los familiares, cabizbajos, avergonzados de lo que había estado a punto de ocurrir.

Jorge asintió en silencio, aceptando las disculpas con el mismo espíritu con que aceptaba la vida, sabiendo que, en estas tierras, a veces, el amor del pueblo y no la fuerza de los hombres, era lo que salvaba a un alma de la violencia.

Se despidió de los presentes, subió a su camioncito, arrancó el motor y se perdió en el camino polvoriento; a sus espaldas brillaba un atardecer que, como él, no se dejaba vencer por la oscuridad.

El Terremoto

Al principio, el negocio de la familia Arroyave estaba ubicado en un corredor estrecho, contiguo a la puerta de entrada. Desde allí, la vida cotidiana de la sala familiar se asomaba tímidamente, a su lado había un patio con piso de cemento; dos de las habitaciones familiares tenían su entrada a través de él.

Una habitación que daba hacia la calle había sido adaptada como bodega, pero el crecimiento de esta tienda fue tal, que el espacio comenzó a encogerse, como si la casa ya no pudiera contener tantos sueños. Así que Elvia y Jorge decidieron ampliar el almacén: derribaron unas paredes que habían sido añadidas mucho después de la construcción original, conservando la misma puerta hacia la calle; pues era amplia, una segunda puerta interna conectaba el pequeño almacén con la residencia. La familia Arroyave celebró aquel cambio: ahora la tienda lucía como un verdadero negocio, sólido, lleno de vida, lleno de futuro.

Nadie sabía que la tierra misma ya estaba preparando su desafío.

El Jueves Santo de 1983, el 31 de marzo, Popayán tembló, como ruge un gigante milenario despertando bajo sus cimientos, la tierra crujió con un estruendo aterrador. El cielo se llenó de polvo y gritos, las torres coloniales, orgullosas de siglos, se quebraron como figuras de barro.

En ese momento, la casa familiar, testigo de tantas generaciones, resistió el primer golpe, pero su estructura crujió como un viejo barco en medio de un huracán. El techo de tejas de barro, ese que había cobijado risas, llantos y secretos, comenzó a desmoronarse; una teja cayó, luego otra, luego centenares, en una lluvia implacable.

Dentro de la casa, la joven hija de Jorge junto a su esposo médico, su bebé de pocos meses, la hermanita de solo seis años y una hermana de su esposo que había llegado para presenciar las procesiones de la Semana Santa de Popayán, vivían instantes de terror.

El médico, que había regresado de su turno de hospital, desayunaba con un compañero de universidad mientras la joven madre servía la mesa. El bebé, ajeno al caos que se avecinaba, dormía plácidamente en su cuna.

Fue entonces cuando la tierra empezó a sacudirse con furia. El piso se movía como un animal herido, la tierra rugía como una volqueta descargando piedras, era un ruido ensordecedor.

—¡Al patio, al centro del patio! Gritó el esposo, empujando a su amigo, su esposa, hermana y cuñadita hacía ese lugar

La joven madre corrió instintivamente, pero al llegar a mitad de camino gritó con desesperación:

—¡El niño! ¡El niño!

Su esposo no dudó: corrió hacia la habitación mientras el mundo entero crujía sobre su cabeza, mientras las paredes se resquebrajaban y los trozos de cielo raso caían como cuchillas.

El amigo, con el corazón en un puño, la sostuvo para evitar que ella se fuera hacia las habitaciones de la casa. El joven médico llegó hasta la cuna en el instante exacto en que un trozo de pared cayó a su lado. Tomó al bebé en brazos; pero en el frenesí de la huida, el pequeño resbaló de sus manos.

Un grito ahogado quedó suspendido en el aire. Pero milagrosamente, como si un ángel hubiera empujado sus reflejos, el joven padre atrapó al bebé antes de que tocara el suelo.

Un segundo más tarde, una viga que sostenía el cielo raso de la habitación se desplomó justo donde antes dormía el niño en su cuna.

Afuera, en el patio, las tejas caían como lluvia de proyectiles. Cada impacto hacía temblar el suelo. Cada estruendo parecía anunciar el fin del mundo. Los segundos fueron eternos. Los corazones golpeaban como tambores en los pechos.

Finalmente, de entre el polvo, vieron salir al joven médico, cubierto de polvo, abrazando al niño contra su pecho.

El bebé… reía.

Reía con esa risa pura de quien cree que todo es un juego, ajeno aún a la gravedad de la existencia.

Todos se encontraban en el centro del patio, bajo una cascada de fragmentos que parecían tener voluntad propia. Allí también se refugió el padre con su bebe en brazos; milagrosamente, ninguno de los proyectiles tocó a los presentes.

Era como si un manto invisible los cubriera, como si la casa, herida pero leal, hubiera decidido protegerlos hasta el último suspiro.

Por otro lado, la familia estaba viajando en su camioncito por Ecuador. Iban con su carpa de camping visitando cada pueblo del camino; estaban viajando hacia Santo Domingo de los Colorados, cuando una señal de tránsito desconocida y un poco difícil de entender fue la causal de un accidente, en un abrir y cerrar de ojos, el vehículo chocó contra otro.

El accidente no fue grave, solo algunos daños en las latas de ambos vehículos y el susto del momento. Antes de que

pudieran tranquilizarse, una patrulla de policías llegó al lugar. Uno de los agentes se acercó a Jorge con semblante serio y preguntó:
—¿Ustedes de dónde son?

—De Popayán, Colombia —respondió Jorge, todavía algo alterado por el choque.

El policía suspiró profundamente y, llevándose la mano a la cabeza, dijo con tristeza:
—En Popayán ha sucedido una desgracia.

Los corazones de los Arroyave parecieron detenerse en ese instante. Con una mezcla de temor y urgencia, todos preguntaron al unísono:
—¿Qué pasó?

El agente respondió, cargando las palabras con un peso que era difícil de soportar:

—Hubo un terremoto. La ciudad está destruida, no hay comunicaciones.

Elvia, al escuchar esto, rompió en llanto, pensando en sus hijas y su nieto que habían quedado en casa. Los niños, al ver a su madre, también comenzaron a sollozar, mientras Jorge trataba de mantenerse fuerte, aunque su preocupación se hacía evidente en su cara que siempre estaba sonriendo, pero ahora no.

La familia entera fue llevada a la estación de policía, no como criminales, sino como una medida para resolver el incidente. Mientras Jorge buscaba el dinero necesario para pagar los daños del otro vehículo, los Arroyave fueron colocados en una sala con televisión, un gesto de consideración por parte de los policías. Pero la televisión solo aumentó su angustia. Los noticieros repetían imágenes y titulares alarmantes: *"Qué horror, del sector histórico no queda piedra sobre piedra."*

Elvia intentó desesperadamente comunicarse por teléfono para saber algo de sus hijas y su nieto, pero las líneas estaban caídas. No había manera de obtener noticias de Popayán, y la incertidumbre se convertía en una pesada carga emocional. La familia lloraba, sumida en el temor de lo que podían encontrar al regresar.

Todos continuaban llorando, pensando en las hermanas y él bebe que habían quedado en la casa. Esa noche, después de que Jorge regresó con el dinero, emprendieron el regreso a Popayán; se acabó la idea de ver la procesión del viernes Santo en Quito, ni la compra de artículos de madera en San Antonio de Ibarra.

La carretera parecía tan larga, tan inhóspita y triste que ya la familia no iba cantando. Todos callaban, algunos estaban pensando que al abrir la puerta de la casa encontrarían a sus hermanas y sobrino muertos. Pero Elvia y Jorge como siempre, positivos solo pensaban en que encontrarían a su hija y su nieto en perfectas condiciones de salud. Cuando llegaron a Quito, Elvia dijo que tendrían que hacer una parada en el edificio de la compañía telefónica, ella quería intentar una nueva llamada, esta vez a Cali' al convento de las hermanas religiosas de San José de Gerona, veladoras de enfermos al cual pertenecía su hermana que se hizo monja a muy temprana edad; quizá ella tuviera alguna información.

Elvia lloraba mientras marcaba nerviosamente el número de teléfono. Yo, la que escribe este libro estaba a su lado, llorando también, de pronto la vi que embozó una sonrisa, al otro lado de la línea estaban sus hijas. Ella comprendió que las dos estaban bien y también su nieto. La hija le dijo que nada les había pasado, solo que algunas partes de la casa se habían caído.

El viaje de regreso tomó dos días, dos eternos días llenos de incertidumbre por las noticias espantosas que se escuchaban en la radio del carro, pero ya tranquilos al saber que nadie de la familia había recibido ni el más mínimo rasguño.

Al llegar a Popayán, la entrada a la ciudad estaba custodiada por la policía, quienes controlaban el acceso para evitar el caos entre los desplazados y los curiosos. En un retén improvisado detuvieron el vehículo donde iba la familia, pero al identificar a los propietarios de *Plásticos del Cauca*, los dejaron pasar.

Consciente del peligro y del estado emocional de su familia, Jorge decidió primero llevarlos a la casa de su hijo mayor. Allí, la familia estaría a salvo mientras él y Elvia enfrentaban lo desconocido. La pareja partió a pie hacia su propia casa, con pocas palabras, pero muchas emociones contenidas.

Mientras caminaban por las calles devastadas, el silencio entre ellos hablaba más que cualquier frase. Cada paso era un recordatorio de lo que habían perdido. Jorge observaba con atención los alrededores: barrios enteros convertidos en escombros, casas modernas de ladrillo semidestruidas, sus fachadas desmoronadas como si fueran de papel. Los vestigios del terremoto estaban por todas partes.

Elvia, por su parte, caminaba cabizbaja. Con cada cuadra recorrida, su tristeza se volvía más evidente. La sonrisa que Jorge había amado durante tantos años, esa chispa que iluminaba cualquier adversidad ahora estaba ausente. En su lugar, había una expresión de desesperanza. Jorge no necesitaba escucharla para saber lo que sentía; ella sufría por todas aquellas personas que habían quizá perdido a miembros de su familia y su casa.

Ambos sabían, por las palabras de su hija, que su casa, construida en la época colonial con paredes de bareque (barro pisado), no se había caído del todo, pero quizá, ella lo dijo por no asustarlos, a lo mejor aquella estructura antigua podía haberse desmoronado por el intenso movimiento de la tierra.

Cuando llegaron a la calle "del Cacho", el panorama era desolador. El suelo estaba cubierto de tejas rotas; las casas vecinas mostraban grietas profundas, sus paredes tambaleantes como si estuvieran al borde del colapso. Pero, sorprendentemente, muchas seguían en pie, demostrando que lo antiguo, una vez más, era más fuerte de lo que cualquiera hubiera imaginado.

Al acercarse a su casa, se encontraron con una escena que los dejó desconcertados: había una fila de personas esperando frente a la puerta del almacén. La multitud, lejos de compartir la angustia que Jorge y Elvia cargaban, los miró con una mezcla de expectativa y paciencia.

—¿A qué hora van a abrir el almacén? Preguntó uno de ellos, rompiendo el silencio con esa pregunta inesperada.

Jorge, aun procesando la escena, respondió casi automáticamente:

—En un momento.

Al mirar hacia la entrada, vieron la reja cerrada con una cadena y un candado, intacta. Elvia, sin perder tiempo, revisó en su cartera y encontró la llave.

Cuando abrieron la puerta de la casa, lo primero que sintieron fue un golpe de vacío. El almacén, que normalmente estaba lleno de rollos de plástico, ahora parecía un cascarón abandonado. No quedaba ni un solo rollo de plástico grueso, ese que tantas veces habían vendido para emergencias. Solo encontraron algunos pocos rollos de plástico de diferentes colores y muy delgado, del tipo que se usaba para decorar las calles en temporada de fiestas.

Jorge y Elvia salieron al encuentro de la fila de personas que aún esperaban en la calle, ansiosas por cualquier solución. Con la misma generosidad que los había caracterizado antes del terremoto, ofrecieron ese plástico delgado, vendiéndolo o regalándolo a quienes decidieron llevarlo. La fila se desvaneció poco a poco y con ello también las provisiones del almacén.

Cuando terminaron, comenzaron a explorar el resto de la casa. El panorama era desolador: las habitaciones estaban cubiertas de tierra, una mezcla de polvo y escombros que habían caído de las paredes agrietadas. Cada paso los sumía más en la incertidumbre, pero también los llenaba de determinación.

Finalmente llegaron a la habitación que alguna vez había sido de su hija. Jorge empujó la puerta con esfuerzo; estaba atascada por el desnivel del marco. Un olor espeso, mezcla de polvo viejo, humedad y madera rota, salió a su encuentro como un aliento retenido.

El cuarto estaba irreconocible, una viga atravesaba la habitación de lado a lado y había caído directamente sobre la cuna. La madera la había aplastado sin piedad, hundiéndola contra el suelo, como si alguien hubiera querido borrar toda huella de infancia. Las sábanas estaban grises, endurecidas por el polvo, entre los barrotes asomaban pedazos de techo, tierra y fragmentos de adobes. Elvia desvió la mirada de inmediato; no necesitaba ver más.

Sabía que su hija estaba viva. Habían hablado por teléfono. Había escuchado su voz, entrecortada pero firme. Y, sin embargo, aquella imagen le provocó un mareo profundo, porque la mente empezó a hacer su propio trabajo cruel. Entonces imaginó el estruendo, el crujido previo, ese segundo engañoso en que todo parece contener la respiración y el golpe seco de la viga cayendo donde un niño habría dormido.

Jorge y Elvia no habían estado allí, pero el terror se les metía en el cuerpo como si lo hubieran vivido.

—Aquí cayó el techo con toda su fuerza. Susurró Elvia.

Jorge no respondió. Permanecía inmóvil, observando el polvo acumulado en las paredes, las grietas que corrían como venas abiertas. Pensó en el ruido: ese ruido que no se parece a nada, que no avisa, que no pide permiso. Pensó en la casa sacudiéndose como un animal herido. En la polvorienta oscuridad repentina. En la sensación de que el mundo se parte sin previo aviso.

Los dos salieron del cuarto y avanzaron hacia el comedor. Allí, la mesa seguía en su lugar, entera, firme, como si se hubiera negado a ceder ante la violencia del terremoto. Sobre ella descansaba una taza de chocolate, todavía erguida, pero completamente llena de tierra. El líquido había desaparecido bajo una costra espesa, opaca, como si el suelo hubiera decidido beber primero.

A su lado, un plato sostenía una arepa y un huevo frito. Ambos estaban cubiertos por una capa densa de polvo de un color entre café y gris que borraba cualquier rastro de calor o de vida. No estaban volcados, no habían caído al suelo; simplemente habían sido sepultados en silencio, en el mismo sitio donde alguien los dejó minutos antes del desastre.

Elvia se quedó inmóvil, aquella escena no hablaba de muerte, sino de interrupción brutal. Del instante exacto en que el ruido debió estallar y el cuerpo reaccionó antes que el pensamiento. Imaginó la silla apartándose de golpe, la respiración cortada, las manos dejando la mesa sin terminar el desayuno.

—No hubo tiempo ni de desayunar. Murmuró ella.

Jorge observó la taza, el plato, el polvo acumulado en los bordes de la mesa. Todo seguía allí, detenido, como si la casa hubiera decidido conservar ese segundo para siempre. No necesitó cerrar los ojos para imaginar el estruendo, el temblor subiendo por las piernas, el terror empujando hacia la salida. No lo habían vivido, pero el comedor se encargaba de contarlo todo.

La cocina estaba distinta. era el único espacio de la casa donde el terremoto parecía no haber dejado huella. El suelo estaba limpio, barrido con cuidado. No había polvo acumulado en las esquinas ni restos de escombros. Las ollas estaban bien acomodadas en su lugar, una dentro de la otra, como siempre había enseñado Elvia. Los platos estaban lavados y apilados con orden.

En el centro, una pequeña mesa cubierta con un mantel de plástico, completamente limpio, sin una sola mancha. Dos asientos la acompañaban, también limpios, como si nadie se hubiera sentado allí después de asearlos o como si alguien se hubiera preocupado por dejarlos así.

En un rincón, aprovechando un pequeño espacio libre, había una carpa de camping armada con cuidado. Dentro, una colchoneta extendida, aplastada en el centro, con la marca inconfundible de un cuerpo que había dormido allí. No había cobijas desordenadas ni objetos tirados. Todo estaba recogido, contenido, silencioso.

—Aquí alguien se quedó. Dijo Elvia en voz baja.

Jorge observó la escena sin moverse. Aquello no hablaba de improvisación, sino de decisión. De alguien que, en medio del miedo y la destrucción, eligió ese lugar para pasar la noche. Quizá varias. Imaginó el crujido lejano de las paredes, el silencio posterior al temblor, la vigilia forzada dentro de la carpa, escuchando cualquier sonido como una amenaza. La cocina por si sola, contaba lo que vino después del terremoto. Eso, para ambos, resultó aún más perturbador. Jorge, buscando calmar la ansiedad de Elvia, la invitó a sentarse.

—Descansa un momento, Elvia. Vamos a averiguar qué está pasando. Le dijo con suavidad, aunque su mente también estaba plagada de preguntas sin respuesta. Tampoco habían comido desde que entraron a la casa. Jorge buscó en la cocina y preparó un chocolate caliente que les dio energía para continuar inspeccionando la casa y recogiendo escombros.

Después de unas horas se volvieron a sentar a descansar, el silencio volvió a apoderarse de la casa, roto solo por el crujir de las vigas que resistían el peso de las paredes agrietadas. Cerca de las cuatro de la tarde, un ruido inesperado los hizo ponerse de pie como si fueran resortes. El sonido metálico de la cadena de la puerta siendo movida resonó por toda la casa. Sin pensarlo, corrieron hacia la entrada, llenos de incertidumbre y esperanza.

En ese preciso instante, la puerta se abrió y allí estaba su hija. La imagen fue un golpe de alivio y emoción. Elvia, al verla, explotó en un llanto incontenible, dejando salir todo el miedo acumulado durante días.

—¿Dónde has estado, hija? Le preguntó mientras la abrazaba con fuerza, como si nunca quisiera soltarla.

La joven respondió con calma, pero se le notaba el cansancio en su voz:

—Mamá, estuve en Cali buscando plástico. Hay mucha gente que lo necesita desesperadamente para cubrir sus casas porque perdieron el techo. Otros lo necesitan para hacer carpas y dormir allí. La gente está durmiendo en las calles; tienen miedo de estar dentro de lugares con paredes por las réplicas del terremoto.

Elvia se separó de su hija lo suficiente como para mirarla a los ojos. La alegría de encontrarla estaba teñida por la tristeza de ver cómo el sufrimiento había tocado a toda la ciudad. Jorge, mientras tanto, observaba a ambas con atención. Aunque Elvia había recuperado su sonrisa, sabía que en su corazón seguía pesando la devastación que los rodeaba.

La joven no había regresado sola. Había traído consigo una camioneta cargada de rollos de plástico; sin perder tiempo, Jorge y Elvia se pusieron a trabajar de inmediato. Abrieron el almacén y comenzaron a vender, rebajar o regalar el plástico a todos los que llegaban buscando una solución para proteger lo poco que les quedaba.

La comunidad encontraba esperanza en cada pedazo de plástico que salía por aquella puerta. Jorge, Elvia y su hija trabajaron codo a codo hasta que la luz solar se acabó, unidos por el lazo familiar y por el deseo de reconstruir lo que la naturaleza había intentado arrebatarles.

El mayor reto que Jorge y Elvia tenían es que la casa estaba en malas condiciones y no querían que su familia viniera a vivir allí. Entonces él se dedicó a buscar un local para el almacén y una casa en buen estado para su familia. Finalmente, encontró un lugar en el barrio Bolívar para poner el negocio allí y una casa en la carrera novena para su familia. Una vez hecha la mudanza de "Plásticos del Cauca" y de la familia, Jorge contrató a dos hombres para que bajaran las tejas de barro que aún quedaban sobre el techo a la casa.

Sin ellas todo parecía como un lugar en ruinas. Cuando pasaron los supervisores de la ciudad dijeron que todo debía demolerse. Jorge dio gracias al creador por esta buena nueva pues llevaba años pidiendo permiso para reconstruir el edificio; podría hacer un local amplio para que Plásticos del Cauca fuera más cómodo y agradable para sus clientes.

La familia estaba en la vivienda rentada que compartían con otra familia que ocupaba la parte trasera de la residencia. Esto era un inconveniente, pues estas personas tenían que pasar por todo el recinto para llegar a su apartamento. El valor mensual por pagar era demasiado costoso, pues el dueño de la casa había aprovechado la necesidad para poner el precio que quiso. El terreno donde una vez estuvo el hogar de la familia Arroyave Botero y el almacén estaba ahora vacío. Ellos habían tratado, pero no habían logrado que les dieran un préstamo para construir.

Jorge quien siempre tenía una visión nueva para solucionar cualquier problema que se le presentara, tuvo la gran idea de hacer unas cabañas en la parte de atrás del lote para que viviera su familia mientras se construía la casa. Y eso hizo. Qué tiempos aquellos, cuando la familia se contentaba con cualquier cosa, lo único importante era estar juntos, tener un plato de comida y un techo. Los niños podían correr en la oscuridad de la noche y jugar a las escondidas pues era difícil encontrarlos.

En esas cabañas vivieron cerca de 8 años hasta que al fin les dieron un préstamo para construir. Jorge diseño una máquina para hacer los bloques de cemento y una tierra especial de la finca, estos se utilizaron para las paredes. El mismo diseñó y dirigió toda la construcción antisísmica, puso columnas flotantes con la capacidad de sostener un edificio de 10 pisos, pero la edificación solo tiene dos niveles, en la planta baja está Plásticos del Cauca y en la otra la residencia de la familia Arroyave Botero.

Así, en diciembre de 1995 en una ceremonia familiar bendijeron e inauguraron el edificio de la calle del Cacho. Jorge y Elvia continuaron dirigiendo el negocio hasta que cedieron la administración a la mayor de las hijas. Elvia se dedicó a ayudar a los enfermos del hospital San José. Ella los contactaba con sus familiares, les conseguía las medicinas y sobre todo estaba allí con sus palabras de aliento y apoyo; para que no sintieran la soledad de una enfermedad sin con quien conversar. Jorge se dedicó a apoyarla en todo. Los dos siguieron amándose como el primer día y dejaron este legado de amor a su familia. Quienes siguen sus principios hasta el día de hoy.

Biografía de Lucarbo

Lucarbo es una escritora colombiana radicada en Estados Unidos, cuya obra se distingue por su intensidad emocional, su profundidad humana y su firme compromiso con la transformación interior. Lucarbo construye experiencias literarias que invitan al lector a mirarse por dentro, a cuestionarse y a redescubrir su propia fuerza.

Su escritura nace de una sensibilidad que convierte lo cotidiano en revelación y el dolor en conciencia. En sus libros, la vida real, la lucha, la fe, la voluntad y la superación aparecen como fuerzas vivas que atraviesan a sus personajes y dejan huella en el lector. Cada obra suya encierra un llamado silencioso pero poderoso: el de despertar, resistir y renacer.

Autora de títulos como *Del consultorio a la cárcel*, *El sobador*, *Felicidad*, *El culebrero*, *Cómo escribir un libro de ficción*, *Jorge y Elvia*, *Secreto presidencial* y *ECOS*, Lucarbo ha creado una voz propia dentro de la literatura contemporánea en español, marcada por la emoción, la reflexión y la capacidad de tocar las fibras más profundas del alma humana.

También ha incursionado en la literatura infantil con la serie bilingüe *Las aventuras de María Antonia*, publicada en español e inglés, una propuesta que ha sido bien recibida por padres y educadores por su calidez, creatividad y valor formativo.

Además de su trayectoria literaria, Lucarbo ha incursionado en la música, ampliando su universo creativo a través de composiciones que también reflejan su sensibilidad artística y su conexión con las emociones profundas. Parte de esta faceta musical puede encontrarse en su canal de YouTube, *"Lucarbo"*, donde su voz creadora se expresa en una dimensión distinta, pero fiel a la misma esencia que define su obra escrita.

Lucarbo escribe para dejar huella. Sus libros y su música son espejos donde el lector y el oyente pueden reconocerse, caminos que invitan a la introspección y puertas abiertas hacia una comprensión más honda de sí mismos y de la vida.

Búscala en Amazon con el siguiente enlace:

https://www.amazon.com/author/lucarbo

Libro Editado y publicado por:
Editorial Best Seller LLC
www.editorialbestseller.com
info@editorialbestseller.com
Hackensack, NJ 07601
Estados Unidos de América.

www.ingramcontent.com/pod-product-compliance
Lightning Source LLC
LaVergne TN
LVHW090555110826
845146LV00001B/128

* 9 7 9 8 9 9 2 0 6 4 3 4 6 *